与十二感官共生

[瑞士] 威利·艾普利 / 著

唐晓彤 / 译

华夏出版社
HUAXIA PUBLISHING HOUSE

出版说明

本书很多内容提到了老师和孩子。为方便起见,作者自始至终都将老师称为"他",诚然"他"在这里可以指代任何性别。

推荐序一

辛庄师范"三一"项目的同学唐晓彤女士,请我为她的译作写点推荐的文字,我读到本书的书稿,感到很亲切。此时此刻,我正在内蒙古希拉穆仁草原上带一群青少年骑马,回想起曾经在南山华德福学校工作的七年时光,有很多美好的回忆。

华德福教育的创始人鲁道夫·施泰纳博士不仅是一位博学之士,更是20世纪初"西方灵性复兴思潮"重要的代表人物之一。他经历了第一次世界大战,对"现代文明"的困境有深切的感受,故四处呼吁,要对以"进步主义"和物质主义为特征的现代文明进行深刻反省,从而避免陷入更为惨烈的第二次世界大战。可惜的是,

与十二感官共生

施泰纳博士的预言不幸言中，在他去世后不到十五年，欧洲的战火再次燃起。

而如今进入 21 世纪，在临近施泰纳博士去世 100 周年之际（施泰纳生于 1861 年，卒于 1925 年），欧洲又陷入一场巨大的危机中，俄乌战争无法止息，似乎又要迎来一场更大范围的风暴。从这个时代背景来重新看待施泰纳博士的思想体系，可以给我们更多的启示。

施泰纳博士总结的"十二感官"学说，分析了一个人从新生儿到成长为一个完整的人，需要重视各个阶段的感官发展：0~7 岁的初阶感官（触觉、生命觉、运动觉、平衡觉），7~14 岁的中阶感官（嗅觉、味觉、视觉、温暖觉），14~21 岁的高阶感官（听觉、语言觉、思想觉、自我觉）。这不仅可以帮助我们认识到当前主流教育对感官培养的严重缺失，更从灵性的角度将人与动物区分开来。

推荐序

本书中写道:"对于现代的思考方式来说,词语、思想和'我'都只是抽象概念,它们本身并不包含任何可感知的本质。人们如何能设想用实体的感觉器官去感知非现实的东西呢?……高阶感官的活动是灵性文化的先决条件,是现实文化的先决条件,也是人类群体社会态度的基础。这些感官的退化首先意味着人与人之间日益孤立。最后,由于这种孤立,在认知感官衰退的前提下,人类就会呈现各自为战的状况。如果我们没有自我意识,如果我们从未感知到他人极具天赋的声音、言语和思想,如果我们不具备健康的感官来感知如此这般的人类灵性,我们将永远无法为人类的发展和自由而生活。"这段话,在深受"现代文明意识"影响的当代中国,是掷地有声的。

感谢施泰纳博士以及西方贤哲的历史贡献!唯有奉元正命,回到人类文明的开始,才能超越所有人类意识的种种对立,开创人类文明的新形态。

与十二感官共生

无限感恩！无限祝福！

黄明雨

资深出版人、教育工作者

于 2024 年 7 月 15 日内蒙古希拉穆仁草原

推荐序二

和宇宙一样,人类本身就是一个巨大的谜。尽管基因科学和人工智能已经发展到前所未有的高度,但对于这个谜团,人们也只是管中窥豹。科学只触碰到宇宙之谜的百分之五,冰山的水面之下还有庞大的未知世界。感谢语言、文字、出版业乃至互联网的发展,使我们能从不同的角度去探索世界和我们自己。

非常荣幸这次可以参与这个项目的合作,与主创一起发现时时刻刻陪伴我们的感官背后的奥秘。一沙一世界,一叶一菩提,每个局部都是整体的映射,我们的感官也是如此。让我们一起来梳理一下这本书带给我们的启发。

与十二感官共生

一、感官是一种观念

十二感官是看待人类的一种视角，通过这个视角，我们能够更容易理解每个人都处于"逐渐成熟"或者"正在成为"的过程中。因此，我们并不将人当作一件已经完成的作品加以考量，我们可以在人的内在之中看到一个自身发展的存有。恰如书中提到："由于人类的意识与感官的本质密切相关，从而与感知的本质密切相关，因此可以把人类历史视为人类感官系统演变的历史。鲁道夫·施泰纳为我们提供了人类感官系统在较长时期内演化的重要信息。同样，我们也应该感谢他对近期和遥远未来的展望。回顾过去，展望未来，令我们能更好地理解当下发生的事情，以及未来的任务和责任。"

感官绝不仅仅是一个微小的概念，更不是概念化的器官。感官是一种观念。本书提及了人类感官系统的起源及发展历程——这是目前国内关于感官的主题之下最具体系脉络的出版物。

二、感官是所有学习和社群发展的基础

如果我们探寻并遵循人之内在存有的发展轨道，或许可以称人类的发展就是一条认知之道。本书从感官系统的基本概念、认知理论、人的物质身体的三元系统展开论述。让我们清晰地知道为什么人类的自我意识与我们的感官感知有着密切的关联。感官体验令人类可以（作为人）清醒过来——我们通过感官感知和体验自己，也通过感官感知和认识世界。鲁道夫·施泰纳的认知理论提到认知活动是我们通过感官得到的感知和通过思考活动得到的概念相联系而共同完成的。感知和概念是现实的两个部分。我们将阅读到在意识的舞台上感知如何与概念相遇而形成认知过程。我们用自己的身体的感知器官去认识和理解这个世界，在我们身而为人的生命历程里是再自然不过的事情了。

在书中我们也会读到十二感官的分类——意志感官、感受感官、认知感官。十二感官在从儿童到成人的健康

与十二感官共生

发展的过程中起着至关重要的作用,并且也以另一种方式支持着人们从成年到老年的发展过程。

三、养护和发展感官至关重要

人是一座从物质世界通往精神道德世界的桥梁。正如作者威利·艾普利提到:"这本小书首先为教师和家长而写,但同时也为所有对儿童教育感兴趣并觉得自己应该承担起这份责任的人。"我们也期待这本书可以普及到每一位有意愿把握自己的人生,愿意更清醒地认识自己的存在,意识到自己感官的存在并用它们真实地生活的伙伴。自我经验、自我价值感以及环境意识,全面依赖感官功能发展的差异化程度以及彼此之间相互调整的程度,因此养护和发展我们的感官至关重要,第一步就是要清楚我们自己拥有这些与感官相联结的品质,并且将其进一步发展成我们个性化的感知。

最后,感谢晓彤老师的翻译,以及三元社群众多小

推荐序

伙伴提出宝贵的修改意见,也感谢华夏出版社几位编辑老师细心与专业的支持,使本书得以顺利付梓。愿每位读者朋友都能从中找到感官养护和发展个性化感知的启发。

三元翻译研习社

《与十二感官共生》项目组

译者序

感谢冥冥之中命运的安排，让我成为本书的译者。从接手这本书的第一天开始，每一次投入地在中英两个文本之间徜徉，我都会有新的收获和体悟。在翻译书稿即将付梓之际，在这里想给未来的读者写一篇推荐的序言，顺便为您阅读这本书提供一个小小的前情铺垫。

一、我与十二感官的渊源

2017 年我跟随胡因梦老师学习身心成长与自我觉察，因她十分推崇鲁道夫·施泰纳先生，我便爱屋及乌地开始学习人智学。短短两年的时间里，我如饥似渴地徜徉在广阔的人智学智慧的海洋之中，阅读了三元翻译

与十二感官共生

社翻译的绝大部分施泰纳先生演讲的书籍，多次参加国内的华德福教育培训课程，飞到瑞士及瑞典参加人智学体系的艺术及声音疗愈课程，亲身体悟了人智学及华德福教育的至尚之美。

正是在这样的学习探索过程中，我一发不可收拾地爱上了十二感官这个理论体系，确信它是培养孩子成为一个健康的人的底层逻辑，是一个人能够好好享受世间生活的非常重要的基础。施泰纳先生也给予十二感官理论非常重要的地位，他曾经说过："如果你真正理解了十二感官，也就真正地理解了人智学。"

基于对人智学飞蛾扑火般的热爱，我深深地沉醉于十二感官的作用和影响，整合了我能够找到的与十二感官相关的所有书籍以及国内外老师们的课程，于2020年初春分别开设了线上的初阶、中阶十二感官训练营，慕名参加的学员们从完全不知晓十二感官究竟是什么，到训练营结束，绝大多数都收获了很多震撼和惊喜。

译者序

有的学员反馈，听完"生命觉"的课程有一种莫名的感动，同时也有一种豁然开朗的感觉。以往在教育孩子的过程中，只想为他创造美好的生活环境，却忽略了孩子的生命觉对于苦痛的感知，彼此之间沟通便出现了问题。幸好有了今天的学习，对孩子的教育便有了新的方向，一切都还来得及。

有的学员反馈，自己4岁的孩子特别喜欢玩水，每次都让她觉得很苦恼，一盆水就这么泼来泼去的有什么好玩的呀。在学习十二感官后，她理解了这个年纪的孩子在看似简单的活动中会一遍遍地重复体验，这是他们学习的方式，也是他们发展触觉、生命觉、运动觉和平衡觉的好机会。

有的学员反馈，从细微体会吃下的每一口饭开始，到没有评判地看着他人的每一个动作，逐渐觉察，便没有了对儿子的评判。当放下评判，之前的愤怒就更多地转化成了欣赏，看到的是孩子生命力旺盛的灵魂，于自

与十二感官共生

己无别,值得尊重。

还有的学员反馈,作为一位已成年孩子的母亲,这个课程给自己的帮助是自我觉醒和二次成长。尝试在轻松的氛围中跟孩子一起做家务,表达愿意倾听的意愿,换来的则是孩子亲和温暖的眼神和特别有趣的见闻。

学员们的收获反馈令我很欣慰,也让我坚信自己对于十二感官的理解,坚信它对于每个孩子、每位父母以及每个教育者都是极其重要的理论架构,希望有更多的人能够了解十二感官的重要性,也期待每个孩子都能在成长过程中健康地发展十二感官,从而顺遂地展开未来壮阔的人生。

这些年来我持续学习、研究、传播十二感官的理论学说,拍摄了很多短视频,也录制了一些相关的视频课程《父母好好学习 孩子天天向上》,从父母教育的角度介绍十二感官。我也和合作伙伴张牧纯真及三元翻译社合作创办了感官·筑世创想社区,旨在传播十二感官学

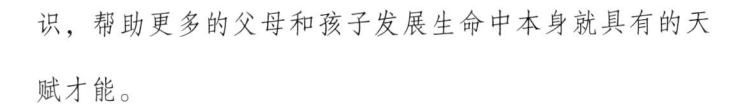

识，帮助更多的父母和孩子发展生命中本身就具有的天赋才能。

二、十二感官的重要性及如何发展

近些年来人工智能的发展令很多人瞠目结舌，无论是 ChatGPT 还是最近轰动一时的"萝卜快跑"，都让我们看到了 AI 技术的高度发展，而这背后的基础原理不过是基于一个庞大的数据库和运算能力的支持。

相较于被工程师开发设计的人工智能，人类则具有天生精密的后台整合运算能力。那么我们的数据是从哪里来的呢？——是来自十二感官。我们所有对于世界认知的数据，都是经由十二感官输入，再经过人体后台的整合运算，最后呈现为精妙的动作、独立的思考以及与他人与世界的沟通等。

一个人采集数据的能力与他的感官发展程度息息相关。健康发展的感官，对外界信息的接收和感知能力会

与十二感官共生

比较敏锐、精准，而没有健康发展的感官，往往会传递不完整甚至被扭曲的信息，这样就会导致其后台计算的结果出现错误，本人跟外界的沟通也会出现各种各样的问题。

既然十二感官担负着人类与世界沟通的重要工作，那么如何才能健康地发展十二感官呢？首先，作为父母或者教育者，自然需要了解十二感官究竟是什么，它们有怎样的特性、规律以及注意事项。然后才能够在日常的生活中不再因为无知而阻碍或者破坏感官的健康发展，尤其是不会让孩子错失感官发展的重要时机。

切记，日常生活就是发展感官的重要时机、重要场合。简单地说，孩子出生时如果是顺产，孩子就能体验到来到人世后第一次强烈的触觉感受；孩子出生后如果被及时地呵护、温暖地关爱，对于他的生命觉也是极好的助力；等到孩子能自己爬、自己走、自己跑跳的时候，放手让孩子去运动身体，对于他发展运动觉和平衡觉也

译者序

会是极大的帮助。

让2岁以上的孩子学习自己吃饭、穿衣服，让再大一点的孩子帮忙做家务，这些也都是很好的发展孩子感官的机会。让孩子做些力所能及的事情，帮忙择菜、洗菜、摆放碗筷，帮忙擦桌子、扫地、拖地等，孩子们就在这些看上去不起眼的日常工作里潜移默化地发展了感官的感知能力。

回想起小时候的我，小学之前待在家里时，每每要做面食，家人就会丢给我一个面团儿让我自由发挥。刚开始时我可能还不能把它捏成形，但是慢慢地我就能包出像样的饺子啦。我还常常跟着邻居的姐姐们学习织毛线、钩针、绣花、剪纸等，这些可能都会被现在的父母认为是不务正业的事情，可是这些活动却极好地发展了我的基础感官能力。于是，一进入小学，我就是那种"别人家的孩子"，从来没有费劲儿学习过，可向来在班级里面都是名列前茅。

三、感官发展得不好会造成感统失调

据专家调查研究，中国有 75% 的儿童存在注意力不集中的问题，以至于这些孩子不能有效地听课，他们完成作业的时间过长，学习效率也十分低下。孩子学习能力上的阻碍，不仅仅是注意力不集中，还有手眼协调的问题、读写障碍以及写字困难等。

大家在生活中对这样的场景都不会太陌生：有些孩子小的时候会一个人安静地跟自己玩，可我们大人总以为孩子很孤独，于是时不时地跑过去打扰孩子，送一杯水，拿点水果过去，问孩子冷不冷、热不热，甚至常常指挥孩子"别玩这个了""去那边玩吧"等等。

你知道这样的打扰会造成什么后果吗？孩子的注意力不集中，很大程度上根源就在这里。有学员曾经跟我反馈说："老师你说得太对了，我们家老大就有这个问题。当初六个大人折腾一个孩子，他现在很明显在学习的时候注意力完全不能集中。"

译者序

一个孩子在0~7岁时，如果感官发展得不够好，感官能力比较弱，那么进入小学之后的学习能力就相对差一些；感官发展得较好的孩子，感官能力就会比较强，对学习的领悟也就比较快，未来也能更好地经营自己的人生。倘若一个孩子在感官发展的过程中，受到了不恰当的干扰，没有很好地顺应自然地发展这些感官能力，就会造成感官功能失调，也就是感统失调。这样的孩子还会出现某些行为问题，甚至在读书的时候出现学习障碍。

美国的NASA曾经做过一个实验，测试1600个4~5岁的孩子，了解这些孩子中具有创造力的天才的比例。结果出乎许多人的意料，竟然有98%的孩子都是天才。然而，原本天资聪颖的孩子，98%都是天才的孩子，怎么长着长着就感统失调了呢？

爱尔丝博士的研究表明，极少数孩子的感统失调是由其出生前后的先天原因造成的，而绝大部分感统失调

与十二感官共生

的问题都是在孩子后天的成长过程中产生的。这些问题的形成大都跟孩子 7 岁前所接受的教育方式有关,跟孩子的感官发展有着十分密切的关系。

7 岁前的孩子需要健康地发展四个感官:触觉、生命觉、运动觉和平衡觉。假如这些感官发展得不好,就会造成孩子的感统失调,造成孩子的学习障碍,造成孩子未来成长过程中的极大困惑。

比如,触觉发展得不好的孩子通常会缺乏安全感。有些孩子会缺乏敏感度,触碰别人的动作往往没轻没重,喜欢拳打脚踢;有些孩子会特别敏感孤僻,特别惊恐不安,不喜欢跟别人有肢体接触。相对来说,由于剖宫产的孩子出生时没有经历过母亲产道的挤压,没有感受到生命中第一次触觉的安抚,他们的安全感就比较容易缺失。

运动觉发展得不好的孩子,端水碗的时候特别容易弄得到处都是,吃起饭来也不太利落,走路的时候常常

译者序

不是踢到椅子就是碰到桌子。做一些细致的手工活儿这种活动,对这样的孩子来说通常比较困难。读书写字也需要运动觉的配合,运动觉不好的孩子动作自然就比较慢一些。

平衡觉发展得不好的孩子,有时候会比较偏激,运动中身体的平衡感也比较差。孩子有时候不容易分清左右和内外,常常穿反鞋子和衣服,他们对于前后、上下的感知能力也比较差。有兄弟姐妹的家庭,手足之间对彼此的嫉妒和不忍让,也和平衡觉发展得不好有关系。

如果一个孩子的生命觉没有得到充分发展,就会导致孩子对自我身体的感知比较差,常常呈现出胆小、自信心不足的情况,对很多事情都提不起兴趣,做什么都没有热情。现代社会中有很多躺平、抑郁的孩子,他们的生命觉都被严重地破坏了,完全感知不到生命的意义。

这些感官不能统合的状况在孩子学习的过程中就会导致他们的学习能力出现问题,比如注意力不容易集中,

与十二感官共生

专注力差，上课爱开小差，很难安静地坐下来听老师讲课。有的孩子写字的时候总是特别用力或者感到特别困难，因为他们对手部细微的肌肉力量很难自我掌控。感统失调的孩子往往听不懂老师讲课的内容，在回答问题写答案的时候，总是很马虎，要么看错题目的条件，要么写错数字或者单位。

四、阅读这本书的心态和方法

本书尽管字数不多，内容也并不庞杂，却凝聚了人智学关于十二感官百年来发展历史的精华内核。对于许多了解过十二感官的读者来说，这是一本能够引发更深入的思考和洞见的书；而对于初次接触人智学、华德福教育或者十二感官的读者来说，这本书的内容或许不太能轻易地理解。

然而，这本书不容易理解的缘由绝对不是内容或者文字艰涩难懂，而是因为十二感官本身是人类最核心的

译者序

基础架构，也是人类生存在地球上最重要的信息通道。十二感官或许有点像我们中医里所说的穴位和经络，有些感官并非我们平常理解的肉体中存在的物质实体，不过它们确实真切地存在着，并且如实地映照着我们日常的一举一动，影响着我们的身体健康和心性成长。

正是由于以上种种原因，这本书也并没有将十二感官全部呈现。就好比一本介绍自然界的书籍，即便它以一个热带雨林中的植物、动物以及自然现象来解析自然，其中的体会和发现也都是真实的自然界的呈现，不过，所有内容也只不过是自然界的一个部分，没有人能够用一本书呈现全部的、所有的自然界。

所以，无论在阅读这本书的过程中，还是在阅读之后的生活中，你都可以根据日常生活的体验，不断地感受十二感官在你自己身体上的作用和呈现，带着清晰的当下的自我感知与书中的内容相遇，同时延展自己独有的对十二感官的理解体悟。比如，慢慢地咀嚼一口米饭，

与十二感官共生

体会味觉带给你的不一样的反馈；再比如，轻轻地触摸爱人的手，感受一下久违的抚触之下的内在欣喜等。或许，这才是阅读这本书的意义所在。

十二感官并不像电脑的硬件，知道了哪个是主机、哪个是显示屏、哪个是开关，就能够轻轻松松地开机使用。因此，这本书绝对不是十二感官的"硬件"使用说明书，你不能生搬硬套地机械式操作。

依照我个人的理解，十二感官更有点像手机的应用程序。尽管我们一出生就被安装了这十二种感官的应用程序，但是，你需要点击打开，需要注册登录，需要不断地探索、不断地使用，才能够更大限度地发挥这些应用程序的功用。

在现实生活中，我们的十二感官也不像钢琴的黑白键，你可以选择一次只弹一个键发出一个单音。十二感官总是协调联动同时运作，它们好像时时在演奏着雄浑的交响乐一般。无论何时，十二感官在我们生命的每一

译者序

时刻，总是有韵律地交互配合着。

为了能够解释清楚每一种感官的基本运作，本书会将每一个感官逐个解析。但是，在过程中，难免会交叉提及与它相关联的感官。有些内容读起来在当下或许不太容易理解，建议你不妨像阅读一本侦探小说一样，把不能理解的部分当作一个具有悬念的线索，等读到后面，或者阖上书本等到将来的某个时刻，再来一个"恍然大悟"吧。

唐晓彤

背景导读

　　本书内容是人智学关于十二感官十分精炼的介绍，其中有作者从事几十年华德福教育工作的经验分享，也汇集了人智学创始人鲁道夫·施泰纳关于十二感官的阐述，它们零散地分布于他在不同时期发表的不同主题的演讲当中。作者细心且贴切地将施泰纳的文字归纳于书中相应的段落，令读者既能探究原文的本意，也可以在作者的实践经验中深入体会人类感官在教学中的意义和作用。

　　鉴于很多读者朋友可能对人智学、鲁道夫·施泰纳、华德福教育以及十二感官不是特别熟悉，尤其十二感官的体系看似简单，实则对人类身心成长的延展意涵却十

与十二感官共生

分庞大,所以我想向大家介绍一些背景资料,以便读者能够相对轻松地进入本书的主体内容,并且在深度阅读中享受到意味深长的欣喜和收获。

一、鲁道夫·施泰纳生平简介

鲁道夫·施泰纳(Rudolf Steiner,1861—1925),奥地利著名的教育家、哲学家、科学家和艺术家,同时也是一位社会改革家。他开创了名为"人智学"(Anthroposophy)的灵性科学,也是风靡全球的华德福教育创始人。他一生研究涉猎极其广泛,所涉范围包括生物动力农耕、医学、建筑、经济、治疗教育及艺术教育等领域。所以,"施泰纳本身就是一所大学"这个评述,并非夸张的比喻。

他出生于现今克罗地亚境内的克拉列维察。他父亲曾是铁路电报员,还做过几个火车站的站长,使得他尽管在乡村的环境中长大,但是很早就接触了现代技术。

背景导读

他在童年时期就有许多特立独行的想法，比如，自从能够独立吃饭，他便觉得碗盘和咖啡杯之类的注定只能用一次，所以每次吃完饭，他都会想方设法地敲碎它们。年少时的他也曾经有过超感官的体验，不过，当时并没有人能够与他一起分享类似的感受。

施泰纳从小就酷爱读书，在自传中他写道："孩提时代的我在阅读时，会弃字词于不顾，让心灵直接走进直观形象、概念和思想。"还在中学时代，他便开始废寝忘食地阅读康德的《纯粹理性批判》。他对自己说："只有思想本身所呈现的形态直达自然现象的本质，人才能做到让灵性世界的体验穿透心魂。"后来，费希特、歌德和席勒的著作也对他有非常大的影响。

高中毕业之后，施泰纳在维也纳科技学校学习了数学、化学和自然史，同时还旁听了哲学、文学、物理和历史等相关课程。正是在这个如饥似渴的求学阶段，他阅读了席勒的《审美教育书简》。席勒认为人类意识在不

与十二感官共生

同状态之间来回摇摆,正好契合了他为人类心灵内在绘制的图景,二者形成共鸣,令他受到强烈的鼓舞。

席勒书中关于感官和意识的描绘,引领施泰纳不断思考:该怎样略过普通的抽象思维,迈向灵性的体验?席勒认为,人若是听凭感官在体内发挥作用,就会活在大自然的制约之下,感官和欲望就会左右他的生活;人若是受制于理性的逻辑规律,便会活在不可或缺的精神之中。人可以培养一种"审美情调",既不听命于大自然的制约,也不委身于不可或缺的理性。在这种审美情调当中,尽管心魂要借助感官生活,但却可以把某种灵性带入感官体验中,带入受到感性驱使的行动中。

杰出的歌德研究者卡尔·尤里乌斯·施罗尔对施泰纳来说是一个如父亲般的朋友,因为跟他的交往,施泰纳走近了歌德的灵性生命。1890 年,施泰纳开始在德国魏玛的歌德和席勒档案馆工作,并且为《索菲版歌德全集》编辑歌德的自然科学著作。经过深入地探究歌德的思想体系，他越来越了解感官可感知的自然图景怎样涌向了能够用灵性方式来体验的对象。

20世纪初，施泰纳受邀在柏林神智学图书馆演讲。后来，他被选举为世界性的神智学学会德国分部的秘书长。1912年，他离开了神智学学会，组建了人智学学会，辗转各地密集发表演讲。第一次世界大战后的几年中，人智学在不同的改革运动中对公共生活产生了深远的影响。在之后的百年间，人智学思想更是在世界各地传播，成为其广大拥趸普遍践行的日常生活智慧。

二、人智学及其所涉足的实践领域

鲁道夫·施泰纳曾经这样表述过：人智学就是对自我之人性的意识。人智学是一门关于灵性的科学，它致力于人、人的生命实践和世界的转化，它致力于在人与世界之间建立一种新的关系。

人智学认为，人，是能够自我发展的一种存在，一

与十二感官共生

旦人的内在灵性力量和创造性的力量被激活、被唤醒,就能够认知并转化这个世界的灵性层面。

施泰纳在晚年的时候曾经说过:人智学是一条认知之路,这条认知之路将把人性中的灵性引向整个宇宙中的灵性。由此,我们不难意识到:人智学的对象是有认知能力的,也就是有思考能力的人。

施泰纳从两方面主张人智学是一门科学。第一,灵性科学的结论是能够接受有健全判断能力的人的检验的。第二,原则上每个人都能发展自己的认知能力,从而获得直接的灵性体验。

走到21世纪的今天,我们看到人类面临各种各样的生存危机:基因技术的高速发展带来伦理、安全和监管方面的挑战;大规模的动物饲养存在着对于环境和动物自身生存的负面影响,再加上环境中有毒物质的增加,这些都触及了动植物以及人类的生存核心问题;核裂变技术,很有可能因为某些极致的疯狂而令地球毁于一旦;

某些国家的霸权主义则严重地动摇了人与人之间和谐共存的基础。

换句话说，过往的人类太专注于物质世界的发展，而忽略了人类独有的灵性层面的建树。而人智学正是这样一门实践科学，帮助人类找回与这个世界在灵性层面的连接。

人智学这个词不是施泰纳发明的。它的英文是Anthroposophy，是两个希腊词语的组合，字面意思是"人的智慧"。1902年，施泰纳开始用人智学这个词来指代他对人与世界的所有认知，直到1912年人智学学会成立，这个词才开始被公开地正式使用。

施泰纳认为，人智学并不是一个固定的理论体系，也不是一个封闭的世界观。既然人智学是一条认知之路，那么它就不是一个已经完成的系统，它需要人类发挥自我的主动性和积极性，来完成自我认知的层层递进。

与十二感官共生

比如，如果一个人不懂基础数学，他就不可能理解微积分；而一个孩子如果没有很好地发展出集中注意力的能力，他就没有办法专注且深入地学习基础数学。这个学习的过程，也是一个人的认知不断地推进成长的过程。

所以，人智学要求一个人首先要发展出健康的灵性生命。比如要有意识地提高感知力和观察能力，培养对色彩、形状、声音、词语和对话的敏感度，以及有规律地训练清晰、客观并且专注的思想，培养有决断能力的、持续的意志力，并且建立自律的、与具体情境相适应的情感生活等。

如何发展出健康的灵性生命呢？在教育的过程中，无论是教师还是父母，了解、感受并很好地养护和发展自己的十二感官，从而帮助孩子成长为健康感官的拥有者，使其成为健康的灵性生命，这就是人智学为我们提供的可落地实践的可视化道路之一。

施泰纳在《神智学》这本书里讲到，有感官能力的

背景导读

感官人，有三个生命领域——肉体、灵性和心魂：肉体是人赖以在感官世界活动，并且获得感知的那个部分；灵性的特性是超越时间和空间的，也是永恒不朽的；而心魂是人的内在世界，它在人的肉体和灵性之间起着桥梁的作用。心魂把感官对于外界的感受，归结为喜欢或者厌恶的情绪，再凭借记忆的能力，将其转化为内在的生活。这种内化的感受，成为灵性的资粮。

施泰纳对他的学生提出这样的要求：你不应该断然相信我对你所说的，而是要加以思考，使之成为你自己的东西，理解它，并基于这种理解以负责任的方式行事。

这句话同样适用于我们每一个人的日常生活——不要断然相信你听到的，哪怕是著名的某大师的论断或者高人的指点。你需要用自己的判断力、思考力，让那些观点和理念真正地成为你自己的理解和体验。然后，再以负责任的态度践行和应用，并以恰当的方式传递给他人。

与十二感官共生

《什么是人智学》一书整理了人智学在生活中的实践和运用，大致包含以下七个方面：

1. 社会组织的三元结构：三元的概念其历史由来已久，了解人智学的人对其并不陌生，它是人智学的一个基础理念。施泰纳是第一个真正将三元的概念综合起来的人。他认为，人类具有肉体、灵性和心魂；人类的心魂有三种活动——思考、感受和意志。

施泰纳于1919年正式提出了社会组织的三元结构这一社会构想，将社会生活分为三个领域：第一，精神生活，包括教育事业、艺术、科学和研究以及宗教等，这些都是与一个人的灵性需求相关联的部分；第二，法律生活，包括法律和政治，这里的政治是以分权为理念的；第三，经济领域，包括生产、消费、商业和服务。

2. 教育：众所周知的华德福教育，它是人智学事业当中最成功的典范。

背景导读

从 1919 年在德国的斯图加特为卷烟厂建设第一所华德福学校开始，华德福的教育理念如今已遍布全球 70 多个国家。在最开始的阶段，施泰纳亲自领导学校培养教师，他认为教育是一门艺术，而且需要通过艺术来达成教育。

华德福的教育有一个中心任务，那就是作为一个教师，如何按照每个孩子的具体发展阶段（大体上是 0~7 岁、7~14 岁、14~21 岁三个阶段）以及更细微的划分方式，激发孩子原有的、个性化的灵性之源，使他们在日后的生活中受益。

3. 医学：20 世纪初，施泰纳和女医生依塔·薇格曼合作，共同开拓了一种用人智学理念加以扩展的新医学。

2019 年 8 月，我在瑞典斯德哥尔摩的雅纳（Jarna）人智学社区参观了一所因为政治原因被关闭的人智学医院。据知情人介绍说，之前那里接收了来自全瑞典的癌症病人，还有很多得了其他不治之症的病人，许许多多的病人因为采用了人智学的医疗方法而恢复了健康。

人智医学并没有把自己与传统的西医对立起来，而是把自己看成一门补充医学。它运用另类疗法和药物，还会用到艺术治疗。同时，人智医学也把对于命运的理解运用到治疗过程中，深入探索疾病的根源。施泰纳有一本书叫作《人为什么生病》，就探讨了命运与健康和疾病之间的关联。他认为，一个人生病，不是物质身体生病了，而是灵魂生病了。

4. 治疗教育：人智学的治疗教育和社会疗法，是针对身心残障的儿童、青少年和成年人进行的，意在帮助他们在肉体、灵性和心魂方面促进个性化，帮助他们过上有尊严的、能够自己做决定的生活，支持他们与团体和社会融合，从而展现出他们可以对社会做出的贡献。

5. 生物动力农耕：也被翻译为生物活力农耕。

1924年，也就是施泰纳去世的前一年，他在现今波兰的西里西亚为农民开设了关于新农业的讲座，当时的演讲奠定了生物动力农耕的基础。他提出一种用草药、牛粪和水晶等材料提取制剂，再用这些制剂来恢复土地活性的方法。这个方法被誉为治疗和保护土地的一剂良方，是有机农业中最科学、最系统的农业耕作方法。

6. 艺术：在人智学的影响下，已经产生了许多新的艺术和文化形式，它们构成了一个巨大的人智学艺术舞台。

施泰纳和他的太太玛丽一起发展出了表演和吟诵艺术的新方向，同时也确立了艺术性的语言治疗的基础。音语舞（也叫优律司美）和语言塑造就是有代表性的两种新艺术。

施泰纳也在雕塑、绘画和建筑等领域开创了新风格。特别是位于瑞士多纳赫的歌德馆，他亲自担纲设计、组织、建造，把所有这些艺术领域的新潮流都融合在一件艺术作品上。从此，世界各地都出现了许多受人智学启发的建筑、艺术学校和建筑师事务所。

同样是 2019 年 8 月,我在瑞士的巴塞尔参加艺术课程的时候,特意去参观过两次歌德馆,深深地为歌德馆建筑的优美动线所折服,无论是其外形的自然线条,还是内在的圆润转折,甚至是色彩光线的运用,都令人惊叹不已。

你可以在每一个转角发现惊奇之处,也能时时刻刻体会到人与自然的连接感。歌德馆绝对可以称为依据人智学理念创建的综合性艺术作品。

7. 科学:以人智学为导向的科学以歌德的自然科学方法为基础。施泰纳受歌德的影响非常深远,他把歌德的方法论扩展到文化和社会科学的领域。

以人智学为导向的自然科学,令人们能够更深刻地理解自然,并且能够更好地解读这个活生生的世界;在社会科学领域,有些专业团体的专家学者也深受人智学的影响，比如法学家、生态学家、社会学家和社会活动家等；在文化科学的各个领域，也出现了大量受人智学影响的作品以及合作关系。

三、十二感官基本的概念体系

施泰纳曾经在他的演讲和著作中这样描述：这十二道温泉将养分注入我们的生命之中，让我们得到十二种不同模式的知觉体验，这就是我们的十二感官。

我们生活在这个地球上，需要用食物喂养身体才能够健康而茁壮地成长；需要持续地呼吸新鲜空气，为肺部和血液提供氧气，从而保证身体能够如常地运行。而十二感官是什么呢？这些感官借由神经系统连接到我们的大脑，为我们的内在心魂提供更细腻的滋养。十二感官就是连接我们内在和外部世界的信息通道。

打一个比方：你家里住的房子是不是通水通电，有门有窗户呢？家里的下水道是不是都通畅呢？假如房子

与十二感官共生

停水、停电或者管道阻塞,若只是半天或一天,或许你还能将就一下,可是,假如一直没有水、没有电或者下水不通,那么住在房子里还方便吗?这样的房子还能住人吗?很显然,没有人愿意,也很难在这样的房子里面住下去。

那么假如人就是一所房子,十二感官就好比是水电门窗,就是连接内外的信息通道。如果这些通道被阻塞了,被破坏了,信息的交换是不是就不通畅了?我们对外部世界的理解以及对内在自我的感知,是不是就会受到影响呢?

通常意义上,人类的感官被划分成五种或者六种。比如对应眼、耳、鼻、舌这四个器官的视觉、听觉、嗅觉、味觉,再加上触觉共五种感官。有些理论体系也会包括温暖觉,那么就是六种感官。

施泰纳认为,如果人类只有这五种或六种感官,根本不可能很好地生活在这个世界上。根据他的观察经验

背景导读

和深入研究，他将人们比较熟悉的五种或六种感官拓展成为以下十二种感官：

初阶感官：触觉、生命觉、运动觉、平衡觉（0~7岁）

中阶感官：嗅觉、味觉、视觉、温暖觉（7~14岁）

高阶感官：听觉、语言觉、思想觉、自我觉（14~21岁）

十二感官

高阶感官（14~21岁）：自我觉、思想觉、语言觉、听觉

中阶感官（7~14岁）：嗅觉、味觉、视觉、温暖觉

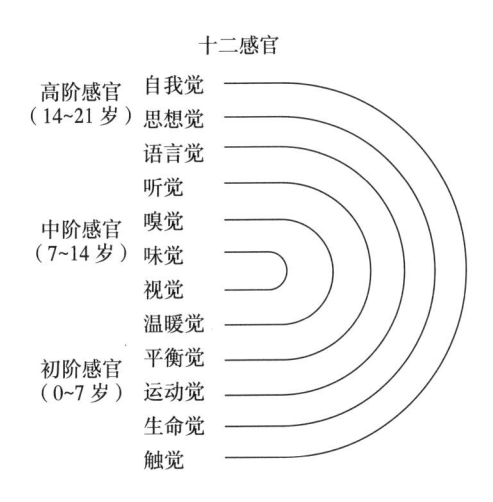

初阶感官（0~7岁）：平衡觉、运动觉、生命觉、触觉

图中的连接线条，表示初阶感官与高阶感官的对应

与十二感官共生

关系,在本书里也提到这个对应关系。也就是说,初阶感官能够良好地发展,对于未来高阶感官的发展有着决定性的基础影响。

施泰纳认为,要让一个孩子从呱呱坠地,到成为一个肉体、心魂和灵性都平衡发展、可以完全为自己负责的自由人,需要 21 年的时间。

这 21 年被划分为 0~7 岁、7~14 岁、14~21 岁三个阶段。同时,这三个发展阶段与十二感官的发展也是息息相关的,这三个阶段的孩子需要着重发展不同的感官,也需要培养不同的品质和能力。

0~7 岁是主要培养孩子意志品质的时期,这个阶段的孩子通过发展触觉、生命觉、运动觉和平衡觉来发展意志力。7~14 岁是培养孩子丰富情感的阶段,这个阶段的孩子通过发展嗅觉、味觉、视觉和温暖觉来培养丰富的情感感受。14~21 岁的孩子,通过发展听觉、语言觉、思想觉和自我觉这四个感官,形成自己的抽象思考力和判断力。

接下来我简略地介绍一下十二感官,读者朋友若有了初步的概念之后再去阅读本书,或许会感到稍微轻松和明晰一些。

初阶感官(也称为意志感官)

触觉、生命觉、运动觉、平衡觉

1. 触觉: 顾名思义就是一个人接触外面世界的感觉。触觉感官是孩子在生命最早的7年里感受最强烈的感官。比如出生时在母亲产道经受挤压,生下来被父母拥抱,这些都是孩子出生后最初感受到的触觉。触觉感官的发展对孩子安全感的影响非常大。

2. 生命觉: 是一个人感受自己身体是否健康的感觉。比如小孩子饿了、尿了、困了等,都会用哭来表达,这是他对自己生命觉的最初感受。除了这些生理感受之外,大人的情绪和态度,孩子也是用生命觉来感受的。那些经常被大人打骂吼叫的孩子,会关闭自己的生命觉来保护自己。

3. 运动觉:不是指运动的能力,而是自己对身体在运动中的掌控能力和感知能力。刚出生的孩子只会无意识地动自己的手和脚,三个月左右则可以下意识地挥动手臂,两岁左右能够比较准确地用手抓住想要的东西,这个过程就是运动觉发展的过程。

4. 平衡觉:自然就是和我们日常活动中的平衡有关系。刚出生的孩子没办法自由地转动脑袋,无法保持平衡。孩子小的时候,不会坐不会站立,因为没有办法保持身体的平衡。等到平衡能力发展出来了,孩子渐渐地就学会走路了。这些也就是平衡觉发展的过程。

中阶感官(也称为感受感官)

嗅觉、味觉、视觉、温暖觉

1. 嗅觉:负责嗅觉的大脑中枢的位置,跟负责情绪、记忆和行为的边缘系统有一部分是连接在一起的。在生活中你是否有过这样的体会：每当我们嗅到某种气味时，我们曾经有过的记忆或者情绪也会被引发出来？

嗅觉跟我们的健康息息相关，比如感冒的时候，你可能闻不到味道。新冠疫情期间有个说法叫作"水泥鼻"，特别形象地说明了嗅觉和健康之间的关联。另外，嗅觉也跟我们的直觉力和道德感有关系。

2. 味觉：味觉是品味的感官，是协助我们连接心智与理智的一种感官。

味觉感官，不仅是用舌头品尝美食，也可以是用眼睛品鉴一篇文章，或者用耳朵品味一首乐曲，更可以通过手部的触摸来品尝心手相连的感受。可以说味觉这个感官，它能够跟别的感官一起共同发挥作用。

小孩子的味觉很敏感，然而，有些家长常常逼着孩子吃不喜欢、不好吃的食物，这不仅会让孩子的味觉变得麻木，也会给孩子留下心理阴影，甚至会造成他们长大后的一些困惑行为或者心理疾病。

3. 视觉：它不仅指外在的感官——眼睛，也包含我们内在的视觉。

通常我们看见映入眼帘的世界，或者阅读一本书，就是利用视觉来完成的。视觉主要用来感受光和色彩。我们感受到的色彩本身有冷色和暖色之分，不同的色彩会带给我们不一样的内在感受。

一个人如果在忧郁的状态下，就会喜欢待在灰暗的房间里，这个阶段他穿的衣服也可能大多是单调的颜色，因为那一刻他的心情容不下鲜亮的色彩能量。

人们的情绪也很容易受到视觉的影响，比如看到不开心的事情，自己的情绪就会被勾动起来，仿佛"看见"了内在的伤痛，所以我们常说"眼不见为净"。

4. 温暖觉：温暖觉是我们体验外界温度变化的感官

感受，也帮助我们体验感受的温度。比如，一个人从三亚到上海，同一天，另一个人从哈尔滨到上海，他们对上海的温度感受是不一样的。三亚来的人会觉得上海有点儿冷，哈尔滨来的人会觉得上海挺热的。再比如，你过生日的时候朋友送来精心准备的礼物和发自内心的祝福，你会感觉到内心"暖暖的"，这就是温暖觉。

高阶感官（也称为认知感官）

听觉、语言觉、思想觉、自我觉

1. 听觉：相信大家对听觉都不陌生，它是指对声音的一种感觉。

我们用听觉听到别人叫我们的名字，听到窗外的鸟儿歌唱，听见春天的雷声轰鸣等。

在这个阶段，听觉的发展是非常重要的基础，它影响着我们跟外界所有的交流。比如听老师讲课，或跟别人沟通，都需要听觉。

与十二感官共生

然而，如果在这个阶段，作为家长的我们还总是唠唠叨叨，孩子就会关闭自己的听觉。有些很挫败的家长找到我沮丧地说："我跟儿子说那么半天，他就跟没听见似的。"

其实，孩子关闭听觉感官时，是真的听不到。久而久之，孩子习惯在课堂上也关闭听觉，这样就很容易造成学习成绩下降。

2. 语言觉：在人与人的交谈中，听觉主要是用来感受对方的声音，而语言觉则是去解读对方话语的含义。通常，外在的语言觉是解读别人说出口的字面意思，内在的语言觉则是把对方没有说出来的话也理解到。

记得有一次跟一个北方学生见面，他听说我从上海来，就说："其实我一点儿也不喜欢南方。"我问他去过几次南方，他说只有一次。我很好奇这背后的缘由，于是就问他去了哪里，发生了什么。

背景导读

后来才知道，他8岁的时候去南方玩，在一个小区的门口被阻挡汽车出入的栏杆砸到了头。于是他妈妈带着他费了好多心思与人争论谁是谁非、讨价还价，还带着他去医院治疗等。

在这段对话中，我正是运用了语言觉的内在感知，才顺藤摸瓜找到了这个学生"不喜欢南方"背后真正的原因。

3. 思想觉：思想觉是非语言的，它需要用语言来沟通，却要忽视语言的存在，从而得到思想本身。它用来认识别人的想法，而不是自己的想法；它需要以保持中立的同理心去对别人感同身受，既不是以泛滥的同情心去看待别人，也不是用理性的思考去推测别人的内在感受。

一个人如果思想觉没有发展好，那么他自己内在想象的世界跟外面的世界就几乎没有界限，也就是说，他会把两者混淆在一起，常常错误理解别人的意思。有一句说起来和听上去都很绕口的话，恰好可以提醒我们反

与十二感官共生

思一下自己思想觉发展的状态：你以为你以为的就是你以为的吗？有点绕口，大家不妨多说几遍来感受一下语言背后的含义。

4. 自我觉：渐渐地，长大以后我们会发现，自我对于一个人很重要。我们不仅要拥有自己的自我，也需要去认识别人的自我。自我觉帮助我们遇见他人的内在自我，再通过这个遇见的过程去认识彼此。

不过我们没有办法单独地或者毫无章法地体验自我觉，它需要和其他十一种感官协同运作。在前面十二感官的图里我们看到与自我觉相连接的感官是触觉。为了开发自我觉，触觉也是最重要的感官。小时候孩子直接吃母乳还是用奶瓶喝奶，玩具是塑料的还是木头的，父母给他的拥抱是温暖而带着爱的还是冷漠嫌弃的等等，都将成为孩子培养自我觉的基础，毫无疑问也会影响孩子的自我觉发展。

译者　唐晓彤

前言
Preface

鲁道夫·施泰纳并没有完整而全面地论述过关于感官的理论，但是，他在大量的书籍和讲座中都谈到了人类感官系统的特质和功能，有时还进行了深入的探讨，不过，更多时候他只是引用典故来比喻说明，在不同的关系中，从不同的视角加以论述。其中绝大多数有价值的建议，都为教师的工作带来了肉眼可见的丰硕成果，并激发了他们的活力。这些建议经常对教育的特质提出令人震惊的新洞见。显而易见，真实而全面地对人类的感官进行研究，比以往任何时候都更有必要，特别是对于教育者来说，这种研究有助于理解和克服我们这个时代出现的教育困境。

与十二感官共生

  本书试图呈现施泰纳在各种书籍和讲座中关于人类十二感官的论述，以及感官之于教育的重要性，这不啻是一次冒险。我很清楚，他关于十二感官的所有论述都是碎片化的，随处都有可见的漏洞和罅隙，而且言论也往往是片面的。我决意不追求完整性，其实这也是不可能做到的。汉斯·艾哈德·劳尔在他的书中也有关于人类十二感官的基本描述，其副标题是这样写的："基于施泰纳的灵性研究，对感官进行一种全新、完整而系统的探讨。"劳尔的著作提供了所有必要的依据，非常清楚地表明：施泰纳对于感官的研究，为当今世界带来了划时代的变革。

  这本小册子最初为教师和家长而写，同时也适用于所有对儿童教育感兴趣并愿意承担起这份责任的人。

威利·艾普利

目 录
Content

第一章 简 介 ·············· 001

Chapter 1

感官系统的基本概念 ·············· 003

感知与思考 ·············· 007

人类有机体的三元特质 ·············· 016

第二章 人类的感官系统 ·············· 021

Chapter 2

感觉器官的起源 ·············· 023

感官的数量和分组 ·············· 025

四种初阶感官 ·············· 029

四种中阶感官 ·············· 039

四种高阶感官 ·············· 048

低阶感官和高阶感官的关系 ·············· 064

第三章　感官系统的发展历程 ⋯⋯⋯⋯ 071

Chapter 3

人类发展 ⋯⋯⋯⋯⋯⋯⋯⋯⋯⋯⋯⋯ 073
个体发展 ⋯⋯⋯⋯⋯⋯⋯⋯⋯⋯⋯⋯ 084
激活感官系统并注入心魂 ⋯⋯⋯⋯⋯⋯ 100

第四章　培育感官系统 ⋯⋯⋯⋯⋯⋯⋯⋯ 107

Chapter 4

培养感知能力的各阶段课程 ⋯⋯⋯⋯⋯ 109
培养鲜活的思考 ⋯⋯⋯⋯⋯⋯⋯⋯⋯ 126
培养意志感官 ⋯⋯⋯⋯⋯⋯⋯⋯⋯⋯ 127
培养感受感官 ⋯⋯⋯⋯⋯⋯⋯⋯⋯⋯ 148
培养认知感官 ⋯⋯⋯⋯⋯⋯⋯⋯⋯⋯ 157

Chapter 1

第 一 章

简　介

感官系统的基本概念

一个显而易见的事实是，我们的自我意识与感官感知有着密切的关联。睡觉的时候，我们会关闭日间意识；清醒时，如果没有接收到任何来自感官印象的刺激，我们就容易变得昏昏欲睡。因此，当感觉器官向周围环境敞开，我们就会获得普通日间意识意义上的自我意识。鲁道夫·施泰纳说："'我'的意识存在于感官内容所触达的范围，而感官内容又延伸到'我'的意识存在的维度，至少对于日常生活体验来说是如此。"

我们的日常体验影响着自身真实的"我"。正如施泰纳所说，这个拥有自由意志的"我"，在"十二感官的圆

与十二感官共生

周上运动,就像太阳在十二星座的圆周上运动一样"。

诚然,没有必要在此证明我们的心魂生命在多大程度上依赖于感官印象。想必许多个人体验都能证明这一点。比如,黑暗在我们心中如何唤起恐惧和焦虑的感受,当光亮照入时,我们的情绪又如何得以迅速地改变?我们如何感受到玫瑰花香,又如何排斥难闻的气味?我们所有的感官感知都会引发诸如此类的情绪感受。

众所周知,感官印象会直接作用或者通过感觉感受作用于身体,但是,我们却很少考虑它会带来的后果和影响,尤其是在教育实践活动中产生的影响。

感官感知有时候会让我们受到惊吓,让我们的脸色变得苍白,让我们呼吸受阻;有时候,感官感知也会激发快乐的兴奋感,令我们脸红心跳、呼吸加快。在这两种情况下,感官印象都会对我们的血液循环和呼吸产生作用。

简　介

人类通过眼睛接收光和色彩的刺激，由此参与调节和维持正常的新陈代谢。研究表明，盲人需要补充更多的维生素和微量元素，因为他们缺失了光和色彩的刺激作用。

还有一个例子是有一家报纸报道，一个由德国精密工具制造商翻新了工厂所制造的大型工作室做了一项实验，在其中一间工作室中根据色彩心理学详尽的理论和经验在四周涂上了彩色，而在另一间工作室中只用惯常的白色和浅灰色做了简单的装饰。除了颜色不一样，这两间工作室在各方面都很相似。他们请150名女性在里面做焊接、钻孔、布线、安装等相同类型的工作，三个月后，对比两个工作组的工作成效和人员的健康状况，结论是，彩色工作室中的女性的工作产量，比另外一间工作室中的女性平均高了15%左右，而发病率和缺勤率却少了大约30%。

"感官印象对于人类来说是一种滋养"，这可不仅仅

与十二感官共生

是一种说辞。在感官进行感知时,一种最细微、最精妙的滋养会在身体内悄然发生。在这里,我们谈论的并非食物中那些可量化的物质,而是无法衡量的形塑力,这种形塑力通过感官作用能够影响到人类的有机体。无论如何,我们必须认识到,感官感知以及与之相关的感官过程对于身体的健康和养护具有极其重要的意义。

一个重要的与教育相关的问题随即呈现出来。我们知道,有些食物营养丰富,对健康有益,但也有些食物是劣质、品相差甚至变质的。或许我们要问,感官印象是否也存在类似的情况?

这里引用施泰纳的一段话作为本章节的结束语。

> 人类拥有感官是为了感知世界,它丰富了人类的内在本质并使其充实,使其变为更完美的存在……
>
> 在物质世界中,人类已然成为拥有感官的存在,通过身体的感官感知,比如嗅觉、味觉、视觉等吸收

简 介

外界信息，从而丰富一个人的内在本质。人类将所有这一切融入内在并真正地拥有它，从而进一步提升整个宇宙系统。

施泰纳关于感官系统重要性的表述是前所未有的。

感知与思考

施泰纳的知识理论在他的很多著作中都能找到，故不在本书中进行详尽的讨论。

然而，我们会涉及与认知过程相关的重要基础知识，了解认知如何发生很重要，了解认知对于理解感官来说也是至关重要的事情。我们首先要把认知活动归引到认知过程本身。对于成年人来说，认知过程并不是一蹴而就的，而是分为两个不同的要素——感知和思考。也就是说，我们有两种不同的认知结果。让我们梳理一下感

与十二感官共生

知和思考的过程及它们与整个认知过程的关系。

人类以自我意识面对周遭的世界，通过感觉器官感知世界上的万事万物，通过声音、颜色、气味、形状、温度等体验这个世界的方方面面。

感官一旦受到外界的影响就会开始活跃。作为纯粹的感官生物，我们只能感知到不连贯的细节——这里有声音，那里有色彩、动作等。我们的感官本身无法让这些单一的感知之间建立联系。但是，随着每一次的感知的发生，认知的第二个要素，也就是思考的能力会被激活，我们就可以用思考和分类的方式把混乱的感知世界加以排序。一旦有需要，思考力时刻准备着采取行动。当感官感知到周围世界的声音、色彩和动作时，思维便会试着去理解感官所感知到的现象，这时，概念就出现了。例如看到一棵树，我们的思考受到它的刺激，就会在头脑中形成"树"的概念，这就是与"感知"相对应的"概念"。我们在感知的过程中，自然而然地无数次形

简　介

成这样的概念，这些概念我们可以随时调用，不需要每次都重新形成。只有当我们跳脱于思考之外，内在具有了与外部感知相关联、相对应的概念时，我们理解事物的需求才能够得到满足。

感官带给我们的只是现实的一半，我们需要把现实的另一半，即我们对世界形成的概念加入进来。只有这样，我们才确信自己已经掌握了世界的某些现实。即使感知到的事物本身已经不复存在，通过这样的方式获得的概念也会仍然存留于我们的内在。这些概念结合起来形成了一个概念系统，为我们认知这个世界奠定了基础。从以上的描述过程可以看到，认知从两个不同的方面——感知和思考流向我们。

对于这个时代的成年人来说，外面的事物和内在的思考之间存在着某种界限。它受制于我们的自我意识。可是，小孩子就不一样，关于这一点，我们将在后面的章节中更详细地解释。对于儿童来说，他们的感知和思

与十二感官共生

考非常接近，并且二者之间的关联较成年人来说更紧密，因为二者更接近儿童的天性本源。因此，儿童还没有像成年人那样与世界分离。孩子们还没有把周围的世界看作自己之外的客体。对于成年人来说，外部世界和内在世界是决然分离的，也不需要通过思考将其统一起来。而对于孩子来说，这两个世界本质上仍旧没有分离，当然不需要再次将它们聚合。小孩子的感知和思考还没有分离开来，跟他们还没有发展出完整的自我意识有关，这个阶段的孩子与周遭的世界是融为一体的。然而，随着他们意识的发展，他们开始感受到自己正在与周遭世界分离这一现实，并体验到需要通过思考再现逝去的场景。

与儿童相比，我们来看看高等动物是如何在世界中感知和定位自己的。歌德有句话说："动物经由器官引领自己。"在生活环境中，动物的行为是由它充满智慧的身体决定的。对于人类来说，情况恰恰相反——人刚出生的时候，他们的身体器官既不能控制他们的行为，也

简 介

不能帮助他们跟世界建立联系。伴随着自我意识的成长，人类才可以训练并发展这些器官，从而成为有自主能力的人。

感官系统为动物提供感知并引领它采取行动。每个物种都有一种特定的感官在很大程度上主导并决定该物种的行为。当狗用鼻子靠近一个物品时，它只能感知到这个单一的嗅觉器官带来的有限的感知结果。然而，即便狗没有办法把它感知到的结果整合为概念，鼻子对狗来说也仍然是一个意义深远的认知器官。狗通过嗅觉器官获取的感知结果也是极有力度的，并且它能从中获得丰富的对于犬类来说有用的知识。对于狗来说，它的嗅觉和思考仍然是一个统一的整体。施泰纳说：

> 当动物在看某个物体时，眼睛已经在思考；人类只是用眼睛看，却用大脑思考。相对来说，动物的大脑很小也不完美，因为动物在用眼睛看的时候，同时也在用眼睛思考了。

与十二感官共生

动物不会像人类那样依据感官体验，经过思考形成概念，而是具有天生的直觉本能。每个动物物种都有一套与生俱来的"概念"，并且这些物种都能心照不宣地感知到这些具体的内容和意涵。

人类用感官解析周围的世界。借由每一种单独的感官，"我"只能体验到周围环境的有限部分——通过视觉感知色彩世界，通过温暖觉区分冷暖等。每个感觉器官都以单一而片面的方式与世界产生关联。可以说，每一种感官都为我们提供了世界某一个层面的信息。但思考却起着相反的作用，它是一种综合的活动，把单独的感官印象带来的单一体验统合起来，直到看似分离的事物统一为一个整体，人类才会感到自在适切。他们在理性或判断的诉求之下，将不同的感官感知整合起来。

想象一下这样的情形：一个拉小提琴的男人站立在我们面前，我们便有了这样的感知——视觉、听觉、运动觉和对他人的自我觉都会活跃起来，我们把男人的手

简 介

臂动作、手指的移动、小提琴弓和琴弦发出的声响以及男人的面部表情联系起来。如果把这些感官印象与"我"的思考结合起来,也就把井然的秩序带入了感官所感知到的无序的印象之中。由此"我"就能够推理或做出判断:"这是一个在拉小提琴的人。"

因此,通过十二感官,我们就跟这个世界建立了十二重的关系,从而有充分的可能把分离的东西重新组合起来。

感官感知与心魂的三种活动——思考、感受和意志中的哪一个最相关呢?施泰纳经常提到,一种带有"触摸感觉"的自然意志,通过感官的运作帮助我们与周围世界建立联系。当感官以健康的方式运作时,意志就存在于感官感知的过程中。但是有一组感官,尽管它们具有意志的特征,却仍然强烈地倾向于认知,因此可以将它们称为"认知感官"。同样,还有第二组感官,由于其强烈的感受特质,可以称其为"感受感官"。

与十二感官共生

之所以很难把意识渗透到感官的活动中,是因为感官活动存在于我们的意志和感觉之间,而这属于无意识或者半意识的领域。在孩子身上,感官过程的意志品质尤其明显,但随着他们长大,感官过程就会转向认知层面。

对于错误的感知,我们可以问自己:错误出在哪里了?究竟是我们的思考错了还是感知错了呢?如果直白地翻译这句拉丁语"Errare humanum est",可以译为"只有人类才有犯错的可能性"。犯错的可能性有它积极的一面,因为犯错的可能性也包含着发现真相的可能性。动物超越了善与恶,存在于错误与真理之外。它们完美的感官系统不会犯错,但它们不具备识别和证明真理的意识和能力。只有人类才有犯错的可能性。只有在形成象征、做出判断和得出结论这三种逻辑能力之下,我们才能够谈论所谓的错误和真理。若感觉器官健康无恙,通过感官感知是不可能犯同样的错误的。

简　介

歌德坚决反对纯粹感知可能出错的观点。他只认可由于智力与其"组合"而导致错误的可能性和危险性。

如果人类相信自己的感官并以恰当的方式发展它们，就能体会到圆满和充足的真实感以及世俗生活的富足感……

感官不会骗人，可是判断会欺骗，

既然如此，相信感官，

它们不会呈现任何谎言，

如果你的理智让你足以保持"清醒"。

我们可以在此加上施泰纳的话："只有通过智力，感官的'欺骗'才能变成真正的错误。"

我们以一个关于错误感知的例子作为这一章节的结束。温暖觉不像温度计那样显示精确的温度，但它为我们提供了有关温度差异相当可靠的信息。在许多物理书籍中，下面这个实验都被当作一个错误感知的例证。

与十二感官共生

准备三个碗：第一个碗盛满热水，第二个碗盛满冷水，第三个碗盛满温水。我们把一只手放入冷水碗中，另一只手放入热水碗中。停顿一会儿，我们再把双手都放入温水碗中。这样，一只手的温暖觉会告诉我们，这水比我们之前感知到的水更温暖；但是另一只手的温暖觉会表明，这碗温水比之前的水要冷得多。

温暖觉实质上是感知冷暖差异的能力，而且它感觉得很准确。因此，上面所描述的不是一种感知错误，而是一种逻辑推断错误，只因没有区分冷暖感受与温度计测量出的绝对温度之间的差异。

人类有机体的三元特质

施泰纳关于人类感官系统的论述，无论是文字描述还是演讲中谈及的内容，一切都源于他对整体人类的研究。可以说，关于感官的教学只是他对于人类整体研究

简 介

的一个部分。想要理解施泰纳在灵性研究的基础上关于感官的教义，先决条件之一是要了解人类的基本构成要素。我们将简要描述人类有机体的三元特质，就是把人体划分为三个部分，这也是施泰纳最基本的发现之一。

第一部分是通过感官系统连接身体之外的世界，同时将收集的信号通过神经向内传导至中枢器官——大脑。感觉神经组织在整个人体中形成了一个同质系统，不妨用"神经感官系统"来描述物质身体的这个部分。神经感官系统虽然遍布整个身体，一直可以延伸到手指和脚趾，但是，它主要的焦点在头部。

人体的第二部分由与呼吸和血液循环相关的节律组织构成。这两部分的节律活动，连同与之相关联的身体器官，形成了第二个系统。节律活动的中心位于胸部，也就是心脏和肺所在的地方，我们也把这部分称为"节律系统"。

第三部分的系统涵盖与代谢活动相关的一切，它们

与十二感官共生

发生在身体的各个部位,但主要发生在四肢,所以施泰纳称其为"四肢新陈代谢系统"。

简明地将人体划分为三个独立的系统,即神经感官系统、节律系统和新陈代谢系统,它们也包含人类有机体及天性中蕴含的一切。

人类的身体是心魂的物质载体,那么心魂与身体的三个部分有着怎样的关系呢?我们说,心魂活动以三种方式呈现出来,即思考、感受和意志。这三种心魂力量各自与身体的三个系统之一相关联。不言而喻,思考活动与我们的神经感官系统有关;而感受不是依赖于神经感官系统,而是以节律系统为基础——呼吸和血液循环与我们的感受密切相关;而一切与意志有关的事物都与我们的新陈代谢和四肢有着最密切的关系。

从另一个角度来看,我们会再次发现三元的特质。在一天中,我们会经历三个明显不同的意识阶段。首先,

简 介

我们拥有所有人类共通的清醒状态。与之相反的状态是深度无梦的睡眠状态，这实际上是一种无意识的状态。而介于两者之间的是做梦的意识状态。因此，三种意识状态分为清醒、做梦和睡眠。

这三种意识状态可以跟人类身体的三大系统联系起来。严格来说，人类只有在思考的时候才是完全有意识和清醒的。而我们对于意志却知之甚少，它令人难以捉摸，从某种意义上说，就像在睡眠状态下一样，我们很难意识到它。

若我们身处感觉中，我们就和做梦的时候一样，处于半意识的状态。因此，我们不仅在一天24小时内会经历三个连续的意识阶段，在白天清醒的状态下，我们也会同时经历意识的三种特质。清醒状态与思考有关，它跟神经感官系统息息相关。做梦与感觉息息相关，它以呼吸和血液循环为中心。而睡眠跟我们的意志相关，它的有机基础是四肢新陈代谢系统。

Chapter 2

第二章
人类的感官系统

感觉器官的起源

想象一下，如果我们生活在这样一个世界，跟现在习惯的没有什么不同，有色彩，有气味，有味道，有着冷暖、动静、柔软和坚硬等的区别，但是有一个例外——如果这个世界完全没有声音，在这种情况下，我们会有听觉感官吗？显然，我们的听觉感官就会消失。然而，丧失这个感官的真相却不会那么理所当然和显而易见，我们很容易倾向于用"效用原则"来解释这样的现象。歌德强烈反对将效用原则作为研究方法。"为什么牛会有角？这样它就可以保护自己呀。"——歌德经常用这个例子来证明这种功利主义的解释是徒劳无效的。

与十二感官共生

针对这个问题，歌德认为唯一富有成效的提问是：什么样的形塑力在这里起作用，从而产生了牛角这样的结构？对于歌德的问题来说，探寻"为什么"和"为了什么"并不能更进一步地理解前面的提问。相反，他通过探寻"从何而来"来追溯问题的答案，从而洞察到感官世界中创造出某种东西的隐秘的形塑力。关于"在完全没有声音的世界中不存在听觉感官"这个问题，耳朵并不会由于听觉没有用处而消失。可是，那些在声音背后起作用并形成声音的创造力的缺席，会导致听觉感官消失。

所有的感官情况大都类似。在绝对黑暗的世界中，不会发展出眼睛这个器官，因为在光背后起作用的推动器官演化的形塑力不存在了。歌德用以下的话表达了这样的事实："眼睛的存在归功于光。光从不重要的动物辅助器官中召唤出一个器官，该器官就演绎成了相对应的视觉感官——眼睛。因此，眼睛从光中产生，也是为光而生，从而使内在的光与外在的光相遇。"

在此补充一段施泰纳的描述：

> 我们的身体器官是如何发育的？
>
> 事实上，是外部力量，比如太阳的力量、声音的力量，对这些感官施加了作用。用这样的方式，眼睛和耳朵就从中性而不敏感的器官中被创造出来。一开始，这些器官不允许感官世界进入其中[1]，它们只能慢慢地开启。

感官的数量和分组

在这里，我们不探讨普遍意义上的感官生理学。当我们谈论视觉或听觉时，我们不会对眼睛和耳朵进行解

1　指老月亮时期。——译者注

剖学上的描述。我的初心是介绍人智学的成果，尽可能准确、清晰地描述这些感官的功能。

认知和了解感官组织最基本、最常用的方法，我喜欢称之为解剖学方法。我们用这种方法对人体的感觉器官进行研究，以确定人类拥有多少个类似的器官，由此得出一个合乎情理的结论：人类拥有与解剖学能证实的一样多的感觉器官。感觉器官是否真的存在？在过去的几十年里，这个问题被提出来，答案虽没有那么容易被找到，但我们也无法忽略感官的存在。

之前提到过周围世界以各种各样的方式为我们提供了无数的感官印象。是否有可能将这些令人困惑的、"混乱"的印象归为一体？由此我们定义了一个"周围世界"的概念，感觉器官时刻准备感知这个世界，进而延展出三个重要的体验领域。

第一个也是最明显的体验领域是我们身体之外的客观存在，即矿物、植物和动物的特质，以及我们的同类其自然属性的存在，这些都被归类为自然生物。通常意义上，我们谈到感官，它自始至终都跟自然领域相关。但更全面的观察体验必须涉及另外两个感知的世界及其相应的感官，那就是：我们对于自己身体的感知，以及我们对其他人人性的看法。例如，当我们运用平衡觉的时候，就可以理解前者；当我们体验到我们的人类同胞不仅是自然属性的存在，还是灵魂和精神的存有时，后者就变得容易理解了。我们必须具备人类独有的感官去感知周围的人、事、物。因此，整个周围环境被分为以下三个体验领域：

外在自然

我们自己的身体

我们的人类同胞

施泰纳关于感官的研究表明，每个体验领域都涉及一组四个感官，因此人类感官系统包含十二个单独的感官。事实上，我们在此谈论的十二感官，既非纯粹偶然

与十二感官共生

也不是任意牵强的理论，而是源于对人类本性的洞察。现如今，施泰纳关于感官的研究把我们的注意力引向人类本身，并展示了这些分组如何对应着人类有机体的三种系统。

前面提到人类蕴含着三元的存在，与之对应的感官系统分组如下。首先，第一组是初阶感官，它们跟人体的新陈代谢系统和四肢相关，同时也跟意志有着最密切的联系。在这些感官活动中，往往伴随着特别强烈的意志活动，因此它们可以被称为"意志感官"。第二组是中阶感官，跟人体的节律表达有关，它们同时为感受提供了有机基础。这组居中的感官，也可以被称为"感受感官"。 第三组是高阶感官，跟人类的认知活动有关，它们为思考力创造了先决条件，施泰纳通常称它们为"认知感官"。

四种初阶感官

在详尽描述各个初阶感官之前,我们先着重介绍一下这几个感官的共同点以及它们为何会被归为一组。它们都属于专注内在的感官,向内感受我们的身体,感知身体发生变化的过程。通过这四种感官,我们的内在存有向自己的身体敞开了一扇大门。这组感官是身体特有的感官,我们可以从客观的角度感知到身体里这个有着特殊体验的世界。

很明显,强烈的意志活动与这些感官功能有关。行走或触摸时,我们都会用到意志。通过自身的运动觉这个感官能够很清楚地意识到这一点。但是意志也间接地在这组感官的其他感官中发挥作用。因为意志存在于无意识部分,我们对于意志的感知会"睡去",也就是说,我们不会意识到感知意志的过程。

为了更严谨一些,我想提一下,这组感官在动物身

与十二感官共生

上也可以找到,但是就所有十二感官而言,人和动物的感官并不完全一一对应。接下来我们继续描述各个感官。

生命觉

可以说,生命觉是整个感官系统中最不明确、最广泛全面的感官。通过它,我们可以进入身体的最深处,体验我们的物质身存在。生命觉能够让我们体验自己活生生的肉体以及内在的感受。当身体察觉到某些东西不对劲时,生命觉感官就会特别注意到这种不适感。

例如,如果吃得太饱、酒喝得过多或者睡得不好,生命觉感官就会被激活。生命觉的感知就可以将这些表达为"我太撑了""我醉了""我累了";类似地,我也可以感到"精神焕发""精力充沛""有满足感"。也许某天早上,我们会感到沮丧,跟平常的情绪完全相反,而此时外部环境并没有导致沮丧的因由,那么真正的原因可能在于我们的生命觉感知到肝脏中存在有害物质。身体有机过程的紊乱会引发灵魂的紊乱，这跟生命觉的功能有关。显然，这个感官在孩子身上起着更重要的作用。

身体的时间感、生物节律都与生命觉有关。人类真正的生命觉感官在哪里呢？我们不妨把注意力转向身体所有的器官，比如肝、脾、心等。事实上，整个人体就是一个巨大的感觉器官，作为一个生命觉感官发挥着作用。

平衡觉（也称方向觉）

平衡觉感官带给我们的是让我们与空间正确连接而不失去平衡。这个感官帮助我们感知左右、前后、上下的关系，让我们能够在空间里保持平衡，而不至于跌倒。假如我伸出手臂，创造一个失去平衡的瞬间，但由于平衡觉的"警惕"，身体的平衡即刻就恢复了。只要这个感官处于健康状态，即便我们在运动中也不会失去平衡。平衡觉感官倘若暂时停止工作，我立即就会从坐着的椅

与十二感官共生

子上摔下来!

这个感知地心与我们的身体之间的关系的器官,被施泰纳称为方向觉。从某种意义上说,这个"眼睛"始终指向地球的中心。据此,晕倒意味着平衡感"失明",无法再看向地心。

在这组感官中,平衡觉占有特殊的地位,因为它是唯一可以被证实拥有特定器官的感官——耳朵中有三个充满液体的管状结构,称为半规管。它们在三维空间里关联作用,随着身体的位置发生变化,这些管道中的液体也会随之变化。

这个器官的损伤会导致人体维持平衡的能力下降,甚至完全丧失平衡能力。众所周知,低等动物的三个半规管处都有小耳石,去除这些器官后,动物就无法在空间中定位或者很难有觉知地采取行动。通常,马戏演员、特技演员、杂技演员都拥有极其精微的平衡觉。你可能会对下面施泰纳进一步的解释感兴趣:

跟许多人相信的不大一样，数学家并不需要拥有具有特殊结构的大脑。数学家和其他人相比，思考和逻辑能力没有差别，重要的是他们位于耳朵中的三个半规管，它们相互靠近，占据了空间的三个方向。这个器官的特殊发育决定了数学家具有数学天赋，也就是数学能力。它是一个身体器官，必定会世代留存下来。

触觉

严格来说，就像其他初阶感官一样，触觉感官也只能感知到我们自己以及我们的身体。这里需要解答一个大家通常会有的疑问：通过触摸，我们确实能感觉到墙壁的粗糙度、毛皮的柔软度、窗玻璃的光滑度，这样的话，我们体验到的是外部世界，没有体验到内在自我啊。回应这种合情合理的异议，需要了解，在接触任何外在物体时，我们肯定会用到与之相应的意志。如果我触摸一个物品，我首先感知到的是我自己，是我自己的身体，这与前面疑问的认知恰好相反。通过触摸物品，例如用指尖触摸，我们只能感知到身体上发生的变化，而不能直接感知到其他物品。在触摸中，我们真正的感知过程不是发生在外部，而是发生在皮肤下面，我们正是通过触觉来感知这一切。

触觉感官用这样的方式感知到物品，然后把意识投射到外界并做出判断——我触摸的是一面粗糙的墙壁。事实上，触摸的体验只不过是我们的内心连接到外部的反应。外面的世界正在被触摸，但它的本质存有却没有被感知到。因此，"判断"和"结论"在触觉活动中起着重要的作用。

眼睛和视觉也是如此。我们相信自己能够观察触摸的过程，但我们看到的只是指尖如何在物体表面移动。相较于其他意志感官，我们似乎更熟悉这种感觉，但在这里仍然有一个误区：实际正在发生的事情是没法被眼睛看见的。换句话说，有两个接近触觉的感官始终参与了触觉的活动。如果我们想通过触摸来探究任何事物，我们就会自然而然地移动手或手指。只有通过运动，我们才能通过触觉获得对外部世界的认知。这一事实清楚地表明运动觉强势地参与了触摸的行为。有时我们甚至会在触摸时闭上眼睛，从而获得更强烈的触摸体验。诚然，平衡觉也参与了触摸的过程。例如，当我们用脚接触地面时，我们也在同时调整我们身体的平衡。

运动觉（也称自身运动觉）

这个感官告诉我们：自己是在休息还是在运动，手臂是伸展着还是弯曲着。即使闭着眼睛移动一条腿，我们也能感知到这种运动。运动觉让我们时刻感知到身体各个部位在移动时的姿势以及位置的变化。它带给我们一种对于物质身体存在的神奇体验。运动觉的运作非常精确，通常它能感知到很细微的动作，比如，微微转动肘关节时，运动角度甚至可以小到 0.038 度。这种感官能够感知身体中最细微的运动，并且能够清楚地揭示意志的特征。身体的每一个动作都是意志的可视化表达。

施泰纳把这个感官称为"自身运动觉",应该是想强调,通过这个感官我们完全能感知到自己身体运动的过程。由此,一个具有重大意义的问题摆在面前:我们如何感知身体之外的运动呢?我确实"看到"了移动的人、移动的动物、疾驰的汽车,如果只用眼睛是没法察觉到它们是移动的。眼睛可以让我们看到色彩和色调的等级,但是看不到运动本身。就"看见"运动的过程而言,眼睛不是主要的感官而是一个辅助器官。究竟是什么原因让我们可以用自身运动觉来体验到外在运动呢?

这个谜题的答案在于,大多数时候,外在运动的物体,一旦进入我们的视线范围,我们就会复制并且再现身体之外的所有运动。这个过程非常快速且微妙,我们基本很难意识到。大致的情形是这样的:如果我们注视移动的车辆,这个图像就会映射在我们的头部;如果我们观察圆周运动,这个图像就会映射在我们的眼部肌肉

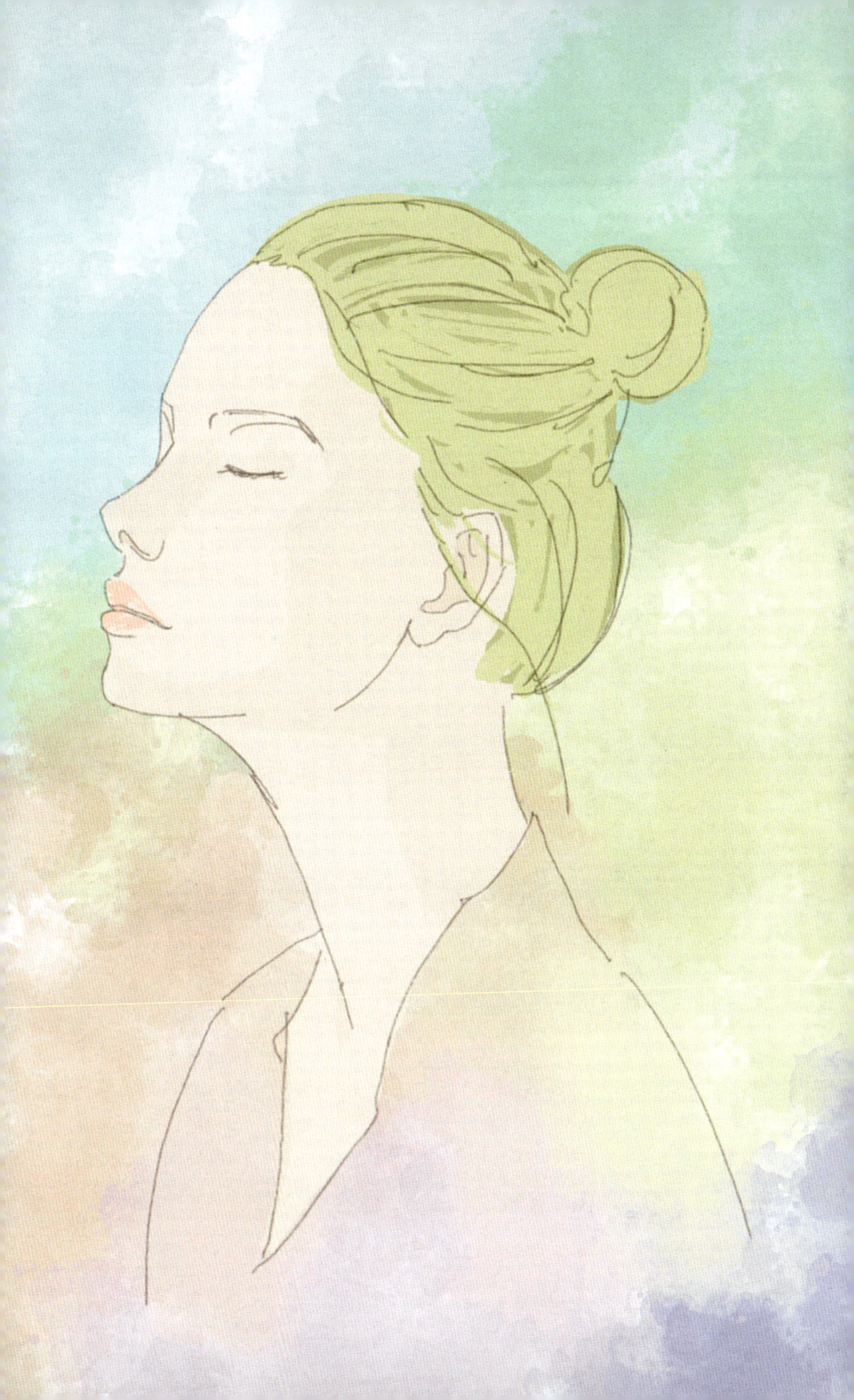

上。身体这种最微妙的共振是由我们的自身运动觉感知到的，然后经由意识跟周围环境产生联系。我们拥有运动觉感官，拥有完整的肌肉系统，我们跟周围的世界一起移动。我们必须意识到，我们身体的任何部位都不存在完全孤立运动的肌肉。施泰纳说："即使是最最细微的动作，也不仅局限于肌肉和运动系统，而是源于人体与运动相关的全部有机整体。"

尽管视觉和运动觉这两种感官的运作方式截然不同，但它们彼此的配合却非常密切。施泰纳用体验红色圆形的过程来说明这一点："如果眼睛单独运作，我们只能感知到白色背景上的红色。但是，我们运用自身运动觉沿着红色和白色的分界线转一圈，就能够感知到圆形曲线。仅仅用视觉感官，我几乎无法感知到圆形，好比用运动觉无法感知到色彩一样。"在这个过程中，两个感官极其紧密地联合发挥了作用。如果没有肌肉的交感神经运动，也就是说，没有运动觉的参与就没有真正的看见。施泰纳解释说：

与十二感官共生

运动觉汇集到眼睛……你看到圆形的过程，是正在无意识地应用运动觉。

因此，你调用遍布全身的运动觉，从整个身体中提取出这个圆形。

感知形状，这本属于初阶感官体验的领域，但需要眼睛的帮助[1]。一个盲人，需要通过触摸来感知形状。如何感知彩色的圆形？这显示了另外一个重要的事实。如果我真的用腿跑了一圈或是用手画了一个圆，很显然我的运动觉参与了其中。假使另一个人在我眼前跑了一圈或画了一个几何图形，根据前面的例子，也不难想象运动觉在其中起到的作用。而施泰纳引起我们注意的例子则涉及一个圆的形状，我还没有讨论过它的构成。这个圆圈已经静止了，它变成静态的了，但我仍然受到刺激，要在内心重建它，沿着它的轨迹奔跑。我通过自己的感官活动将圆圈变成了可移动的东西。就像所有几何图形都是从运动到静止一样，我能够让它们重新运动起来。

---

1 视觉属于中阶感官。——译者注

我们生活的环境里放眼皆是各种各样的圆形、直线、曲线、三角形、正方形等形状元素。换句话说，每一种形状，每一根线条，它们所有延展的长度、宽度、深度，以及物体的表面和角落，我们都是通过平衡觉和运动觉这两个意志感官来感知到的。

我们还可以进一步说，但凡可以通过数量、尺寸和重量来确定的东西都属于四种意志感官的体验范围。属于数学和几何领域的事物也是如此，这两门知识学科都是建立在提升到意识层次的意志感官的感知之上的。当然，整个现代世界及其所有技术都是建立在数学和几何的学科之上的。

四种中阶感官

这组中阶感官，帮助我们收集外部自然环境提供的感官印象。假设在一个夏日，我们坐在树林边，太阳下

与十二感官共生

很热，树荫下却很凉爽。我们感受到太阳下的热和树荫下的凉爽。我们看到天空的蓝、云朵的白、蝴蝶的色彩斑斓。我们闻到田野里的干草香或树干上流出的树脂味道。我们品尝红草莓并体验到甜味。哪些感官为我们提供了这样的机会，让我们如此紧密地跟自然联结在一起呢？当然是以下四种：

视觉

嗅觉

味觉

温暖觉

稍后我们会解释为什么听觉没有被列入这组感官。

总而言之，这四种感官为我们带来外部自然的信息。其中三种自从亚里士多德提出以来就为人所知。它们属于传统感官，这些感官的器官很容易在解剖学中找到。然而，温暖觉却是一个例外，它没有一个具体的器官。由于温暖觉跟触觉很相似，曾经有一段时间它们被合二为一。

另外，高等动物也拥有这组感官。这组感官的独特之处是它们跟人类的感觉生活息息相关。接下来我们将分别探讨每个感官的特点。

视觉

对于当今的人类来说，眼睛是最主要的感官。因此在英语中习惯用"看到"（see）一词，而不是用"感知"（perceive）一词来表达，后者更适合在十二感官系统中应用。严谨地说，前者仅适用于感知色彩和色调的渐变，我"看到"一个彩色圆圈、一匹逃跑的马、一座大教堂等。

基于以上所述，我们来谈谈色彩，也就是视觉所感知到的内容。色彩是物体的一部分，比如彩绘玻璃窗的五颜六色、树叶的绿色、玫瑰的红色、猫咪皮毛的黄色和黑色斑点等。也有一种叫虹彩颜色，几乎自由悬浮在

与十二感官共生

空中,它并不从属于物体的某个部分。有些颜色,可以用一个不再罕见的表达方式形容为具有"半空灵"的性质,就好比彩虹或者棱镜形成的光谱。因为存在这样的现象,下面这个问题就不再让人觉得荒谬了:一种自由悬浮的斑斓的红色或蓝色,一种与物体无关的色彩,是不是完全可以想象呢?若你认为想象这样的事情是可能的并且是能够接受的,那么由此就可以推测色彩具有客观性质。

原则上,对于温暖觉感官,也可以提出同样的问题。我们所说的温暖,无非指温暖的空气、温暖的水、热的熨斗等温暖的东西。但是,如果温暖是一个独立的体验世界,可以通过感官来体悟领会,那么就必须或应该存在一种"温暖本体",一种自由而独立存在的温暖,它绝不会被水、空气或石头等其他元素绑定。至少这种温暖是可以想象的,是一种与生俱来的、独立的存在。

现在让我们探讨残像这种现象。例如,我们盯着蜡烛的火焰，看一会儿后闭上眼睛，仍旧可以看到火焰的残像，我们会看到它逐渐变小变暗，直到最终消失。或者，先看一个红点，然后再看一张白纸，你会体验到纸上呈现出红色互补色的绿色残像。歌德为了探寻这个残像的秘密，进行了无数次的实验。他坚决抗议仅从主观出发来判断这些残像。

人智学对此有什么说法呢？感知的过程本身可以跟最微妙的呼吸过程相媲美。众所周知，后者包括吸气和呼气。我们吸入富含氧气的空气，呼出富含碳的空气。呼出的东西是吸入的东西的对应物。感知的过程是类似的——我们"吸入"感官印象，然后"呼出"它们。残像可以被看作是"呼出"的感官印象。根据施泰纳的说法，我们将它们铭刻在宇宙以太中。这不仅是主观的，更是客观的过程！

这四种感官的感受特质并不难论证，经过适度的自我观察就可以认识到这一点。有趣的是，语言的智慧非

与十二感官共生

常明确地揭示了这组感官的感受特质。若希望清楚地表达感受，我们常常会借用跟这些感官感知相关的短语。

嗅觉和味觉

嗅觉和味觉确实是相当惊人的、最独特的感觉。这里引用大家都熟悉的表达方式：

- 这是一个品味问题

- 别有风味的家具布置

- 太乏味啦！

- 一个无聊又无味的人

- 一个苦涩的事实

- 闻起来有鱼腥味儿

- 他的脾气真臭

下面的表达方式说明温暖觉是如何与感受联系在一起的：

- 一个热情洋溢的仰慕者

- 我被爱燃烧

- 我的心变得温暖

- 冷冰冰的接待

- 冷酷的判决

即使有了色彩感,我们还是很容易强调感受体验。视觉会表现出一种非常轻微的接近认知的倾向。如果我们想要表达的不是感受性的内容,而是思考性的,通常会选择能够表达视觉感知的词语。例如洞察力、远见和先见之明,即使在这里仍然会让人稍微联想到感受,但我们清楚地意识到思考的因素。正如视觉近乎认知的感官一样,温暖觉也接近于意志感官。这些从语言的角度也可见一斑。

这里还要提一下熏香和香水这两种物质对于我们感受生活的意义。它们的用途和效果是完全相反的,前者倾向于宗教领域,后者倾向于世俗生活。

接下来我们探讨这些感官的某些方面,这里不谈论眼睛的复杂性。嗅觉和味觉的器官相对简单，它们通常被称为"化学"感官。

嗅觉器官位于鼻腔上部的几个壁龛，嗅觉神经就分布在其中，空气中充斥着的各种气味穿过鼻子，我们就可以闻到它们。当谈到味觉时，我们发现舌头上有明显不同的分区，每个区域的味蕾都对一种味道，例如甜、辣或苦做出反应。

还有一些相关的事实：我们用味觉品尝到的所有东西都必须首先被唾液溶解。因此，我们无法品尝任何没有被变成液体的东西，固体的味道是完全不可能被我们品尝的。

我们的身体只有一小部分是由固体物质组成的，例如骨骼、肌肉和牙齿。很大程度上我们是"液态人"。我们身体的本性是有味道的，因为它混合了来自外部的液体。

关于嗅觉器官，我们只能闻到空气传递的气味，只能闻到挥发出来的气味，无法闻到任何固体或液体的气味。我们闻到的玫瑰香味，不是固态的玫瑰味道，而是已经转变成气态的玫瑰味道。正如我们是"液态人"一样，我们也是"气态人"。因为我们能够感知从外部渗透的空气元素。就像身体的液态部分一样，物质总是被同类物质感知和识别。

温暖觉

我们如何感知冷暖呢？温暖觉的身体器官在哪里？我们找不到像嗅觉感官那样负责温暖觉的特定感官。我们每个人的体内都有一套温暖觉系统。正是这种内在的温暖觉，让我们感知寒冷和温暖。没有外部感官，它用直接的方式感知外部的温暖。这种温暖觉系统整体就是一个感官，遍布整个身体（尽管不均匀）。只有眼睛是例外的，因为眼睛对冷热极不敏感。

与十二感官共生

在这组中阶感官背后,在"液态人""气态人"和"温暖人"的背后,有哪些创造力在发挥作用?施泰纳把在这些感官背后起作用的力量描述为四种不同的以太——光以太创造了眼睛;温暖以太创造了温暖觉;生命以太跟嗅觉的力量联系起来;化学以太则跟味觉器官联系在一起。

四种高阶感官

想象一下两个人正在交谈,其中一位正仔细地听着对方对他讲话。假设此时他只对同伴通过言语媒介向自己表达这件事感兴趣,无论对方表达的是哪一个领域的知识和想法,他对除此之外的任何事情都不感兴趣。假设倾听者听到对方说话的声音,理解对方的言辞,明了对方的想法、概念和感知,并且时时刻刻能够确定说话的人就像自己一样,是一个充满个性的人——一个"我"。

此时此刻，表达者和倾听者的态度，存在着一个非常重要的差异。表达者从某种利己的角度主动表达，他生发出思想和想法，并用字词和句子把它们表达出来，他是主动的那一方；而细心的倾听者则放下自己的想法和观点，以无私的方式把自己塑造成一个纯粹的感觉器官，从而感知不属于他自己的想法。如果他在倾听的同时表达自己的想法，他就没法感知对方的想法。

在施泰纳的感官教学中，这是一个令人印象深刻的例子。不难理解，当我们跟人类同胞交谈时，我们正在与真正的感官打交道。对方的声音、言语、思想和他的"我"，都是我们能够通过感官感知到的现实。

这一发现对人类生活，特别是对教育的影响是无法估量的。施泰纳将这四种感官定义为：

听觉（声音觉）

语言觉（文字觉或言说觉）

思想觉（概念觉或象征觉）

与十二感官共生

自我觉（对他人的自我觉）

这组感官的相同之处在于，它们让我们可以感知他人的更高本性，因为声音、语言、思想都是被赋予"我"[1]的人类的表达，正因为他是"我"，他才把自己从纯粹的自然法则中解放出来。正是通过这组感官，一个人才可以感知另一个人的创造性精神所产生和代表的东西。这些感官具有认知感官的特征，在人们的感知中同时进行着认知活动。此外，感官正常发挥作用的前提是，倾听者会说话、会表达且拥有自己的想法；另外一个前提是，感知者拥有自己健全的听觉系统和自己的概念体系以及对于自我的体验。到目前为止，这些都是针对成人的描述，儿童的情况则有些不同，除了听觉之外，儿童时期的这组高阶感官尚未完全发育。

此外，动物不具备这其中的三种感官（语言觉、思想觉和自我觉），这些感官为人类特定专属。可是，由于

---

[1] 这个"我"是指"灵性本质"，或者说"灵魂本体"，就是物质身体背后的"灵魂存有"。——译者注

它们的灵性特质，现代科学并不认可这些感官。对于现代的思考方式来说，词语、思想和"我"都只是抽象概念，它们本身并不包含任何可感知的本质。人们如何能设想用实体的感觉器官去感知非现实的东西呢？另外，除了耳朵之外，其他感官都不存在具体的器官，这也是研究人员难以认清这些感官的一个原因。

然而，高阶感官的活动是灵性文化的先决条件，是现实文化的先决条件，也是人类群体社会态度的基础。这些感官的退化首先意味着人与人之间日益孤立。最后，由于这种孤立，在认知感官衰退的前提下，人类就会呈现各自为战的状况。如果我们没有自我意识，如果我们从未感知到他人极具天赋的声音、言语和思想，如果我们不具备健康的感官来感知如此这般的人类灵性，我们将永远无法为人类的发展和自由而生活。

让我们尝试更准确地描述各个感官的功能。

与十二感官共生

听觉（声音觉）

当感觉器官跟另一个人相关的时候，施泰纳通常使用"声音觉"或"听觉"来描述。在这四种感官中，听觉占有比较特殊的地位。我们也通过耳朵感知外部自然，比如，听见树叶的沙沙声、鸟儿的叽叽喳喳声、街上的噪音等。因此，听觉既属于高阶感官，也属于中阶感官。事实上，这个感官明显倾向于感受的领域，也就是说比较接近中阶感官。听觉拥有两面性，它代表着从中阶感官到高阶感官的过渡。它面向自然，感知来自大自然的声音；它同样倾听人类的声音，甚至感受更加强烈。由于人声音色的不同，听者能够理解并辨别出说话的是谁。即使当听觉转向倾听外界自然时，它仍然会发挥认知的功能，为我们提供关于外界物体的特殊信息。我们如果敲打一块金属板，它会发出响声，同时显示出金属的一些特质。按照施泰纳的说法，物体的灵魂经由内部振动发出声音，它用这样的方式跟我们交谈。

人类发出的声音，即便没有在唱歌，听觉也能感知到其中的音乐元素。人类的语音中含有一个基音和一定数量的泛音。如果声音的泛音太少，例如只有6个而不是10个，听起来就很弱或很低沉。如果泛音太多，比如15个，声音就会很尖锐，让人焦躁不安。如果没有高频泛音，声音听起来就很圆润很温暖，容易跟他人建立良好的联结。通过听觉，我们可以辨识对方的声音，也能通过声音辨识出对方的个人特质。

此外，成年人的听觉频谱有近10个八度音阶，每个八度音阶的振动是前一个八度音阶的两倍。对于可感知的最柔和的声音（比如纳米级的声音），耳膜也会来回移动做出反应。所谓纳米级的声音，其声波波长相当于1毫米的百万分之一。如果我们把一只耳朵靠近某个声音，另一只耳朵要等千分之一秒之后才能听到这个声音。

有两个问题还需要解答。第一，当耳朵倾听外部自然界的声音时，真正能体验到的究竟是什么？这时候，耳朵可以确定声音的强度、音调和音质（音色），却没法确定声音发出的距离有多远或者来自哪个方向。对于声音真相的错误解析，会导致许多现象被误解并被贴上错误的感知标签。假如你在寂静的夜里听到了某些微弱的声音，仿佛有人在屋前小心翼翼地走来走去，并时不时地停下来。你起身准备捕捉神秘的夜行者，却发现噪音的真正来源是一只蝴蝶在窗帘和玻璃之间翩翩起舞。不是耳朵欺骗了自己，它非常准确地感知到了声音的高低、强度、种类及其持续时间，而是错误的理性制造了幻象，并推断出错误的结论。

紧接着第二个问题（这有点儿像色彩和温暖的问题）可以这样表述：事实上，我们听到的声音跟空气有节奏地振动相关，但是声音和空气振动是一回事吗？耳朵的结构决定了声音必须以有节奏地振动的空气为载体，才能被耳朵听到，难道这不可想象吗？这样的想法背后隐藏着怎样的现实呢？早期谈论天体音乐的人们认为，声音不需要空气媒介即可自由盘旋，这完全是可以想象的。

语言觉（文字觉或言说觉）

动物没有这个感官。例如，如果一只狗能理解它的主人，那么它肯定不是凭借发达的言说觉或语言觉。语言（或单词）的含义只对人类有意义，让人能够理解人类同胞的语言。语言（这里指英语）分为元音和辅音，由单词本身和词序（句法）来表达，组成了一个独立的存在领域。理解语言不仅仅是听到声音，倾听者还需具备理解的能力，才能形成认知。这种能力跟听到声音的能力是截然不同的。

通常我们说话不是为了表达语言文字本身，而是要表达思想和意志，所以我们常常忽视了一个事实——语言独立存在的意义。倾听者并不是在听语言本身，而只是想知道表达者的意思以及他说话的缘由。语言很少被当作语言文字本身。正因为如此，再加上语言被严重滥用，言说觉（语言觉）便成为十二感官中最常被误用的感官。

与十二感官共生

感知先于判断，感知也先于语言。孩子形成合乎逻辑的思考和判断之前，其语言觉的高度发展依赖于他周围的语言。孩子仍然保留着与声音和文字的直接关系，这有点像我们对色彩的观感。数十年的听觉体验，令成年人拥有高品质和健全的语言觉感官。幼儿的语言觉刚刚萌芽，而在婴儿时期语言觉还不存在。以下引用的施泰纳演讲中的内容，或许会帮助我们拓展对语言觉概念的理解。

语言用声音表达，并不是人类表达内在本质的唯一方式，手势、模仿动作和面部表情都能够简单而直接地达成目的，它们就像能听到的声音一样属于语言觉范畴。

思想觉（概念觉或象征觉）

借由这个感官，我们能够把自己跟另一个人构想出的概念、表征和思想结合起来。这样我们就能够直接观察到这个概念所揭示的内容。在高阶感官中，思想觉是最独特的认知感官。实际上我们很容易被误导，认为我们在感知他人思想的同时，也要关心自己的思考活动。但是，想要成为一个真正细心的倾听者、一个希望追随说话者思路的人，只有让自己的思考活动保持静默，才能做到这一点。我们和他人之间有着根本的区别，如果我们首先关心自己的思考活动，就不可能感知到他人的概念和表征。

作为有思想的人类，聆听时我们用他人的思想替代了自己的思考，把它当作一种与我们自己的体验相媲美的经历。听的时候绝不是"不假思索"的，事实上，那一刻我们感知到了对方的思想。我们必须首先感知到对方的想法，才能用别人的想法代替自己的思考，进而真正理解对方的思想。施泰纳说：

> 我意识到，体验他人的意识时，就像在无梦的睡眠中一样，我极少体验到自己的意识。在无梦的睡眠

中，我的日间意识消失了；在感知他人的意识时，我的日间意识也被消除了……

通过概念觉（思想觉），我们能够以感性的方式理解概念，而这种感性的方式并不会被包裹在语言的声音之中。为了能够做出判断，我们必须要有概念。若要激发心魂，我们首先必须能够感知概念。为此，就需要概念觉，它本身就像是嗅觉或味觉一样的感官。

我们运用语言来表达想法。对我们来说，语言是思想的媒介，尽管它有自己的感知内容。清楚地区分语言和思想以及将它们分别归属于两个感官（这里指语言觉和思想觉）非常重要。

除了语言之外，我们还可以用其他的方式来表达想法，比如用手势动作。我用手臂做了一个动作，对方明白了我的手势所表达的想法，并如我所愿停了下来；我问他一件事，他摇摇头，通过他的动作我看出了他的想法；也许他只是挑了挑眉毛，哪怕动作小到很难觉察，但是通过眼睛和运动觉，我还是理解了他的意思……两个说不同语言的人，可以通过手势和模仿广泛地表达自己的想法。除此之外，我们还可以通过书写或者用符号来表达想法。

回答问题的时候，我可以明确地说"是"，或只是点头，还可以在一张纸上写下"是"。这三种情况，另一个人的思想觉都会感知到我的想法。第一种情况，应用了听觉和文字觉（语言觉），第二种和第三种情况，使用了视觉和运动觉。日本人、韩国人和中国人虽然说着不同的语言，但是他们使用的概念和象征却具有相同的符号。例如，虽然"树"这个词在三种语言中的表达方式不同，但对于三个国家的人来说，"树"这个概念是共通的且具有相同的符号。因此，尽管每个人都说着自己的语言，但在某种程度上他们可以通过书写来交流想法。在世界各地都有国际通用的标志来表达某些概念，例如数字或交通标志，无论观察者说哪种语言，都能够理解那些标志的意义。

只要存在相同或非常相似的概念有机体，精神与心魂的关系也比较和谐，那么直接感知他人的思想并不是什么罕见的事情。我的伴侣有可能会解答一个我只是默默地思考、还没有表达出来的问题。日常生活中，思想是我们通过思想觉来直接感知的。因此，人们通过概念觉（思想觉）来感知他人内在和外在的事物，他们把感知添加到自己现有的概念有机体中。事实上，他们只是感知到根植于另一个人身上的概念，这些概念至少用类似的方式存在于他们自己身上。因此，生活在完全不同的概念世界中的两个人，也就是说，具有完全不同的概念有机体的两个人，尽管有"象征觉（思想觉）"的帮助，也很难达成彼此间的理解。

自我觉（对他人的自我觉）

这无疑是最难理解的一个感官。困难之一是我们必须认识到另一个人的"我"是真实的,而不仅仅是我们超感官的体验。比起思想觉或语言觉,我们更需要承认感知到的内容的真实性。

为了更好地理解自我觉,需要从三个方向限制它的含义。首先,它不是对我们自己的感知,不是对我们自己的"我"的感知;其次,它不是一种富有想象力的超感官体验;最后,它不是简单地从其他感官感知中得出的逻辑结论。为了更好地理解这些,我们引用如下施泰纳的话来进行描述:

> 就像看见或听见不依赖结论一样,感知某人的"我"也不依赖结论,不依赖我们看见另一个人或听到他的声音,而是直接获得真相。除了感知他的语言、看到他的肤色、理解他的手势这些之外,我们可以直接感知到另一个人的"我"。就像视觉与听觉的关联很少一样,对"我"的感知与视觉、听觉或其他感官的关联也不多。"我"是一种独立的存在。

与十二感官共生

不能理解这一点,感官科学就无法建立在坚固的基础上。

施泰纳用了一个非常复杂的描述,刻画了感知另一个人的"我"的过程。他是这样描述的:

如果你遇到另外一个人,会发生以下情况:你很快会感知到一个人,他或她给你留下了印象,这种印象令你内心感到不安;你觉得这个人,一个跟你差不多的人,在你心中留下了类似攻击的印象。结果你为保护内在的自己,为抵御这种攻击,内心对这个人产生了侵略性。在这种对抗的过程中,你的防御性渐渐减弱,内在的侵略性就慢慢消失了。然后对方又再次给你留下印象,等你有时间恢复进攻的力量后,你又会实施另一次反击行为。接下来,你又麻木了,对方又给你留下印象,如此等等。以上就是当一个人遇到另一个人时所存在的关系模式,即相遇时感知到另一个"我"。这种关系模式即臣服-抗拒、同感-反感。

人类的感官系统

我指的不是感觉，而是相遇时的感知。

在这个相遇的过程中，同感和反感发挥着重要的支撑作用。当我们靠近另一个人时，一定程度上我们会无意识地使用同感的力量。但是，为了不让自己迷失在对方身上，我们必须再次回归自己，也会在一定程度上利用与之相反的反感力量来做到这一点。然而，这两种力量都不能过度使用，因为如果反感占主导地位，我们就无法真正连接到对方；但如果同感过多，我们就会迷失在对方身上——坠入爱河时就是这种情况。

人类用高阶感官感知，首先必须有自己的"我"的体验，必须有一定的自我意识，才能用自我觉感知他人的"我"。本书稍后将讨论这些对于幼儿的影响。

与十二感官共生

低阶感官和高阶感官的关系

理解低阶感官和高阶感官之间的关系可能相当困难。施泰纳对此的陈述和演讲虽然不多,但它们具有非常深刻的特点以及丰富的意义,特别是对于教育实践而言。因此对于教育者来说,专注于这项工作既是必要的,也是有益的。

以下是不争的事实:四种高阶感官是真正的人类感官,只有人类才拥有。我们自然都知道,听觉也属于高阶感官,但在高等动物身上也是非常发达的,而且发展程度相较于人类来说往往要高得多,可是人类的听觉具有特殊的品质,其中包括感知人类特有的表达内容的能力。动物没有这种感知能力,因为动物没有自我意识,没有"我"的存在,动物的器官能够咆哮,或发出喵喵、嘶嘶、呱呱的声音,但不能发出人类的声音。观察到这些现象时,我们不禁要问:为什么动物身上没有这些感

人类的感官系统

官？在动物身上，这些力量的作用在哪里？人类在没有自我意识参与的情况下，是如何发展出这四种高阶感官的呢？

有一个答案显而易见——人类的"我"背后的力量（不是自我意识）对这些感官的形成发挥着作用。动物虽然被赋予了初始的灵魂能力，但是缺乏这种"我"的力量。与此密切相关的是另一个事实：动物完全活在其物质身体的本性和感官系统中，以至于没有任何力量去发展认知感官。也可以说，动物无穷的生命力不允许其高阶感官的形成。

另外，需要稍加注意的是，人类缺乏动物这种无穷的生命力（这也可能是一种无意识的放弃），是否导致了这些认知感官的发展？

嬗变的概念或许可以帮助我们理解初阶感官和高阶感官之间的关系。参照歌德的观察，当我们投身于研究自然界的嬗变现象时，我们就会随时随地地见证最奇怪、最奇妙的转变。无论这些转变用理智多么难以理解，但是我们不得不承认它们的神妙。让我们回忆一下：种子经历了嬗变的过程，长成了成熟的植物；青蛙的卵，从蝌蚪的状态变成了青蛙。再举个最令人印象深刻的例子，毛毛虫通过蛹的状态蜕变成蝴蝶。唯物主义观点是无法轻易解释这种转变的。

初阶感官和高阶感官之间的隐秘关系，跟这种转变是密切相关的，只不过不像上述例子那么明显。接下来的介绍，将在很大程度上遵循施泰纳的描述，尽可能地用他的原话复述。

通过探寻四种高阶感官和四种初阶感官的器官，我们可以进一步了解施泰纳关于感官的教学内容。在人智学之外，很少有人谈论过意志感官的器官，也没有人谈论过认知感官的器官。

让我们从意志感官开始。施泰纳将自我运动觉的器官描述为"具有运动能力的身体组织"，也称其为"全身运动器官"。关于生命觉的器官，在施泰纳的描述中有这样的特征："我们体内的活力……我们整个身体组织的活力……每一个身体器官同时也是生命觉的器官。"

触觉器官大家都很熟悉，整个人体的外在轮廓，就是由所有的触觉点连接而成的。平衡觉器官位于耳朵之内，但是，这个感觉器官的触及范围绝不止于此。观察静态骨骼的生命结构，我们完全能够看到，这是一个巨大的、伸展开的平衡觉器官。

现在我们来探索高阶感官的器官，人智学会提供一些令人惊喜的答案。在某种意义上，高阶感官的器官是以意志感官的器官为基础的，尽管这两组感官具有截然相反的特质，但它们之间隐秘的关系不难在两极性中发现。施泰纳如此谈论思想觉的器官："感知他人思想的器官就是我们这个存有，由于我们感受到自己的敏捷性、生命力……我们身上活泼的敏捷性在身体上体现出来，这正是思想觉的感觉器官。"这听起来像是对生命觉器官的描述。

关于语言觉的器官,施泰纳在同一讲座中谈道:"如果我们体内没有运动的器官,我们就无法理解任何单词……我们的整个运动有机体就是文字觉(语言觉)器官——用于感知。"他在谈到自我运动觉器官的时候,是不是曾经说过同样的话呢?

因此,我们面临的问题是:思想觉与生命觉、语言觉与运动觉的本质区别在哪里?施泰纳补充了对语言觉器官的描述:"当我们感知话语时,我们这个运动有机体保持静止状态。因为只有让它静止下来,我们才能感知并理解话语……我通过这样的方式来理解别人说的话:唤醒自己的运动有机体,一直到手指尖,但是要控制住这个运动,收紧它,抑制它。在收缩运动的过程中,我理解了对方说的是什么。"

关于思想觉,施泰纳说:"思想觉一旦存在,它就是生命觉即刻转化的器官。"这句话包含了我们所提出的谜语的答案。意思是指我们完全没有意识到的"放弃"，我们最初的意图是要发展和强化意志感官，但是没能得以实施。因此，从现在开始，这股自由的力量可以转化自己，并可以被引导到其他功能上，从而形成更高阶的感官。

正如思想觉从生命觉转化而来、语言觉转化自运动觉一样，触觉转化的结果就是自我觉，平衡觉则转化成为听觉或者声音觉。

如果活跃在意志感官背后的力量，在达到其活动极限之前，被生殖器官的内在形成过程所保存，那么就会产生出听觉、语言觉以及思想觉或概念觉这些感官。

因此，我们可以得出这样的结论：听觉器官是平衡觉器官转化而来的，语言觉器官是一种发展滞后的、为自身运动而存在的器官，而思想觉或概念觉是在生命觉

与十二感官共生

器官转化时形成的。

在某种程度上,人实际是以头部为中心的静止的人体,是感知另一个人的自我的器官……作为物质存在,我们自己,是我们所拥有的最伟大的感觉器官。

总而言之,我们可以说,意志感官和认知感官,所对应的是人体的同一组特质,但它们彼此之间存在着两极性的关系,我们可以把高阶感官看作初阶感官颠倒或升华的结果。

触觉—自我觉

生命觉—思想觉

运动觉—语言觉

平衡觉—听觉

Chapter 3

第三章

感官系统的
发展历程

人类发展

人类的历史就是成千上万年意识演化的历程。由于人类意识与感官的本质密切相关，从而与感知的本质也密切相关，因此可以把人类的历史视为人类感官系统演变的历史。施泰纳为我们提供了人类感官系统在较长时期内演化的重要信息。同样，我们也应该感谢他对近期和遥远未来的展望。回顾过去，展望未来，令我们能更好地理解当下发生的事情，以及未来的任务和责任。

下面的内容来自施泰纳的报告或引述自他的言论，这一段用了相当简洁的描述，从感官系统的角度来看人类发展的三个阶段。人类发展的这三个阶段中的第一个

与十二感官共生

阶段可以追溯到很久以前,这在人智学中被描述为"老月亮"时期。施泰纳将当时人类的感官感知描述如下:

> 与"老月亮"演化时期相比,今天人类感官所具有的形式更加死气沉沉。那时的人类感官是更加活跃、充满活力的器官。因此,它们不适合拥有完整意识的人类,只适合拥有古老朦胧的灵视力的"老月亮"时期的人。那个时期的人没有任何自由,没有任何行动和欲望上的冲动……在"老月亮"时期,感官更多的是一种生命历程,而今天的"看见"或"听见",已经是一个相当了无生气的过程。

与此相关,施泰纳举例说,"老月亮"时期的人,他们的视觉仍然是一种能够呼吸色彩的器官;听觉仍然与内心的激动、内在的振动有关,所以,那时的人不像今天的人这样仅仅用物质感官来感知声音,而是让整个身体都生动地参与到声音里面。因此,我们必须想象这些感官具有生命过程的特征。当今人类的生命过程包括呼

感官系统的发展历程

吸、营养、生长和分泌等。古代人类还不是一个具有个体性的人,也就是没有"我"。他们拥有七种感官,以一种鲜活的方式运作它们,这些方式以朦胧的、有灵视力的意识为基础。在地球后来的进化过程中,人类的十二感官才全部发展起来,从而为人类自我意识的发展创造了条件。

人类感官发展的第二阶段,要回溯到《圣经》或基督教传统所描述的人类历史事件,也就是人类的堕落或被逐出天堂的故事。《旧约》以宏伟的画面描述了这一故事。诱惑者对夏娃说:"眼睛就明亮了……能知道善恶。"(《旧约·创世记》3:5)这些话非常清楚地指出了人类感官系统的变化。眼睛,过去是,现在仍然是所有感官的代表。施泰纳的灵性研究为我们提供了有关人类感官系统发生变化的信息。

如果这件事没有发生,人类将会如何感知?

人类不会向外部世界开放他的感官,他只会感知

与十二感官共生

到内心的存在。他会感觉到：我体内有一个区域，完全被宏观宇宙的影响所渗透，这是我所能感知到的全部。

因此，人类在"看见"的过程中，不能仅仅去感知外在的事物、外在的色彩。就比如今天的人们，实际上只是体验了他们的视觉。人类要生活在感官感受的过程中，要生活在精神意志发挥作用的活动中。

现在以太体从人体的某些部分退出了（施泰纳是这样描述这个过程的）。因此，这些部分不再被以太体"正确"地渗透。相反，它们会发生纯粹的物理效应，可以说，这些影响被排除在广义的生活效应之外。这里所说的部分是指现代人类的感官所发展的部分。

以太体以某种方式被推回，在物质体内存在着个体的物理本质的行为，这些行为没有被以太体以相应的方式渗透，由此产生了我们今天所说的"感觉"。

感官系统的发展历程

因此，眼睛（至少在某种程度上）可以与相机进行比较——相机是人类的大脑设计出来的，是人类用双手创造出来的。跟相机一样，眼睛拥有纯粹的物理效应，只是眼睛的后部绝不会被所有生命过程所抛弃。这样，人的耳朵、眼睛等所有的感官都被打开了，人类个体的感官不再能够感知到神圣力量的作用，而是开始看到、听到、闻到、尝到外面的世界。与感官系统的发展并行的是与大脑相关的智力的发展。这两者的内在有着紧密的联系。在下一章中，我们还将谈及另一个相似之处，即人类发展与现代个体发展之间存在的内在联系。

现在，就感官系统的发展而言，在相当久远的过去发生的那个事件（这里指人类被逐出天堂），从根本上改变了人类感官系统，从那时到现在被称为中间阶段。我们很容易认为，这种通过感官感知外部世界的方式，在现代人与古人（例如古埃及人或古印度人）之间没有本质区别。

与十二感官共生

施泰纳在这方面对古印度人的看法非常有趣。讨论这个问题要回到几千年前,为了描述这些人的感官印象,施泰纳用了"饱和感知"这个词,意味着那个时代的人们已经能够感知外部感官印象的轮廓,但他们仍然有能力同时看到其背后运作的力量,以及召唤感官世界的力量。

例如,依照外部感官印象,他们可以感知和体验到每株植物背后的原型植物(歌德使用该术语来描述),他们称这种能力为魔力。观察动物(例如瞪羚)时,他们可以同时感知到它的腿和蹄所给予的外部感官印象以及这种外形被塑造出来的形塑力。在古印度,人类领袖更重视传授外部感官印象,而非其背后的力量。今天,人类的理解力必须朝着相反的方向发展。

事实证明,古希腊人仍然拥有比今天的人类更加强烈、更加富有生机的感知生活。他们的色谱偏向红色端,即色彩活跃的那一侧。例如,他们还没有一个合适的词来表达蓝色。他们用"glaukos"和"kyanous"这两个词来描述人的黑色头发以及蓝色的石头、天青石或紫罗兰的颜色。他们同样无法区分绿色和黄色,就像今天患蓝色盲的人看不到蓝色一样。他们用"chlôros"这个词来指代我们今天所说的一切绿色的东西,但也用它来形容黄色树脂、黄色蜂蜜和人的金色头发。古希腊人的感官感知之所以如此鲜活,是因为他们的整个身体特质(与今天的人相比)拥有过剩的生命力。因此,他们活跃的有机体能够令他们的感官充满活力,使得精神化的有机生命力涌入他们的感官之中。

东西方文明的转变与人类感官系统的变化密切相关。就当今人类的整个感官系统而言,有人认为四种认知感官的健康运行是人类创造真正文明的前提条件。施泰纳在他的著作《人作为一种有感觉和感知的存在》中更详细地谈到了这一点。

起初,在那本书里,他对十二感官进行了与本书所

与十二感官共生

述稍微不同的分组,把它们分为六种上层感官［自我觉、思想觉、文字觉（或语言觉）、听觉、温暖觉和视觉］以及六种下层感官（味觉、嗅觉、平衡觉、运动觉、生命觉和触觉）。因此,按照这种分类,一半的中阶感官属于上层感官,另一半则属于下层感官。值得一提的是,施泰纳反复将这十二感官进行不同的分组,总是从新的角度来呈现它们。关于六种上层感官,他说:"当灵魂内存在精神生命时,所有这些感官体验都滋养了精神生命。"然后施泰纳将受众的注意力引向这样一个事实:六种上层感官构成了古代东方文化的基础,相比之下,西方文化本质上是建立在六种下层感官的活动之上的。

细想一下已经呈现出的科学态度,它试图将数学应用到一切事物上。但是,数学来自运动觉和平衡觉。因此,即使是现代科学发现的最有灵性的东西,也不过来自下层感官,科学家尤其偏重于用触觉来工作……本质上,西方文化起源于下层感官。我必须反

感官系统的发展历程

复强调,对于这些结论,不存在评判的问题,而仅仅是对于历史进程的描述。

在前一章中,我们解释了四种初阶感官虽然是面向内在的存有,但却能够感知世界上由数字、尺寸和重量所决定的一切。物体在三维空间中的范围、重量和数量是由初阶感官掌握的。这些感官所感知到的东西,首先被无意识地送达我们的意识中并使我们产生认知和概念。关于我们身体本质的事实,三维空间的呈现、万有引力定律、垂直和水平的概念、某些数字关系的概念等,都只是我们纯粹用意志感官感知的抽象概念。意志感官把数学和几何作为科学的起源。科学没有主观性,因为它起源于我们自身客观存在的那一部分。

用初阶感官感知到的东西与我们的个性无关。例如,通过平衡觉感知到的身体内部空间的品质,其实是外部世界。我们之内和我们之外,所处的是同一个空间世界,呈现出相同的规律。出于这个原因,我们讨论的是这些观念的客观价值以及建立在它们之上的几何和数学的科学学科。数学和几何是当今西方文明的基础和条件。

然而，现实的情况是，只有属于初阶感官感知领域的东西在理论和实践领域才被认为是客观有效的。真相只有在数字、尺寸和重量确定的情况下才被承认。与此同时，人们也否定了其他感官的感知领域具有客观特征。现代科学不承认眼睛感知到的真实性，例如色彩和光线，对于这些的认知都被认为具有明显的主观性。同样，一切都被简化为数学，目的是达到客观有效性。光、色彩和声音都被简化为纯粹的振动，从而被简化为属于初阶感官感知领域的运动。

对于言说觉（语言觉）、思想觉、自我觉这三种高阶感官的体验，现代思维方式无法认识到它们的客观性质。属于高阶感官的东西，被否认具有任何现实特征，因此它们从认知领域被分类降级到信仰领域。这种对比既与人类真理相矛盾，也和普世真理相矛盾。这是一个事实，

感官系统的发展历程

我们还必须注意到另一个事实：受六种下层感官的影响，我们完全可以有理由说，目前的西方文明建立在人类智力之上，而人类智力在过去的两千多年中不断发展，达到了目前可以达到的最完美的程度。事实上，正是由于这两种因素——六种下层感官的统治以及智力的发展互相配合，才产生了当今的文明。它们之间的联结之深远超乎人们的想象。事实上，我们大脑的一部分是经由嗅觉感官转变而形成的。

今天，解剖学和生理学已经证实了这个结果，根据这个前提，我们的思考实际上源于嗅觉的嬗变，由此可以说思考与大脑是绑定的——根本不是绑定了上层感官，而是与嗅觉的嬗变关联在一起。

施泰纳补充说，虽然人类可以与上层感官的文明共存，但从长远来看，人类不能以人性化的方式与片面的下层感官文明共存。

个体发展

关于婴儿和幼儿的感官发育顺序以及各个感官何时开始发挥作用的问题，人们一直争论不休。生理学家、心理学家、医生和教育者给出的答案多种多样且相互矛盾。可以肯定地说，意志感官出现在认知感官之前，并且在儿童的早期阶段就很明显。生命觉通过饱腹或饥饿的状态，让小婴儿体验到身体大致的舒服或者不舒服的感觉。一旦他们开始踢腿，自我运动觉就开始启动。触觉很早就开始发育。只有平衡觉需要一些时间，在四种意志感官中，它是最后一个被唤醒而运作的感官。我们可以观察到，刚出生的孩子尚未适应地球引力，但他们会逐渐地适应尘世生活。往往需要几个月的时间，他们才能适应地球的空间环境。一旦他们开始站起来，我们就知道他们的平衡觉已经苏醒。就平衡觉感官的存在而言，我们意识到一个人出生在尘世间是多么的无助。

感官系统的发展历程

与人类相反,许多动物在出生几个小时后就能够在世间自如移动。但动物必须以严格固定的方式来发展平衡姿态——它们所有的运动都是单向的。这个物种注定要会攀爬,那个物种注定要会飞行或者会游泳。世间的动物没有选择的自由,不能寻求自身之外新的平衡。这与人类是多么的不同啊!人类的构成方式意味着人类个体并不具备动物的技能或专长,一个人不会被迫以某种方式生存。与动物恰恰相反,人类是自由的,必定学会逐渐建立自己与空间的关系。

虽然各种感官的发展过程有部分是重叠的,但一般来说,中阶感官是在其后发展的。当孩子开始说话时,他们体内有一种新的感官开始苏醒,即言语觉(语言觉),这使得他们能够感知母语并通过模仿来学习母语。谨记在婴儿早期阶段,他们最早的感知并不像成人那样有着清晰的单独的感官界定。婴儿是用整个身体来全面感知世界的。在婴儿早期,虽然他们的各个感官外表上都就位了,但它们运作的范围要比后来宽泛得多。例如,

与十二感官共生

小孩子听音乐时，不是用耳朵，而是用全身来感受，整个身体都随着音乐元素振动而被激活。他们的味觉不仅仅局限在舌头上，还延伸到胃、肝和脾。施泰纳的以下论述指出了人类个体的发展轨迹和人类整体的发展轨迹是相似的。

> 有趣的是，在最初的几年里，即使只是模糊地以一种梦幻般的方式，孩子也确实拥有早期人类的意识。他们不关注外部世界，而是关注自己内心发生的事情。孩子们主要对自己的身体感兴趣，他们不关心外部世界，而是带着一种梦幻般的被封闭在球体中的意识，把外部世界看作真实的图像而吸收进来。孩子们真的感觉自己的皮肤就像一种气囊，用图像和声音的方式体会自己的内部发生了什么。后来，这种情况在很大程度上消失了。

施泰纳经常谈到，年幼的孩子到了4岁左右，他们的以太体仍然具有通感的能力。以太体是一种有机形塑力，它的首要任务是发展物质体的个体器官。然而，这个力量并没有被完全用尽，它同时充当了一种特殊的感觉器官。孩子通过它能感知到什么呢？

举个例子，假设一个成年人目睹了一个不能自控的人大发雷霆，他可以看到这个人气得跺脚、紧握拳头、大吼大叫、怒翻白眼、面色通红、额头青筋暴起等。但是如果是一个小孩子目睹同样的场景，他会用感觉器官感知到什么呢？一方面，他看到了同样的情景，但另一方面，他还看到这个人不受控制的狂野不羁的心魂力量，从而感受到一种超感官的体验。瑞士哲学家特罗克斯勒（1780—1866）写道："所有小孩子都有灵视力。"这句话十分准确地描述了真切的事实。孩子之所以拥有这种超感官的想象力，是因为他们的判断力还没有发展出来。为什么我们通常不再记得童年时期的这种超感官想象呢？因为它们已经沉入潜意识中，记忆的力量还不足以把它们带入成人的意识中。

与十二感官共生

我们忘记了它们,就像忘记了大部分的梦境一样。然而,如果这些经历给人留下了特别深刻的印象,或者它们以同样的方式重复出现,随后它们可能会被记住。这样的例子多得远远超乎我们的想象。另一个问题是,在个体发展的过程中,这个遍布全身的感觉器官会发生什么变化呢?它会直接消失而不留下任何痕迹吗?或者它会像所有生物一样嬗变吗?如果深入研究这种能力的发展过程,会看到令人惊讶的转变。感知能力在孩子7岁左右出现,表现为充满想象力的思考,或者可以说是天真烂漫的幻想。这种图像思考是一种感知,还是一种早期的思考方式?答案是两者同时存在——一方面是内在的感知,另一方面是年轻、鲜活的思考。这种充满想象力的思考会进一步发展为成人清晰的、有意识的概念性思考。这表明看似平常的思考具有非凡的起源。我们可以看到,今天的个体发展在很大程度上对应着人类过去的发展。

感官系统的发展历程

在第一章的"感知与思考"中，我们已经阐述了成人的认知过程并不是统一的，而是分为感知和思考两个组成部分。若是从这个角度来看，小孩子又是怎样的呢？对于小孩子来说，其中一个组成部分——概念和判断根本还没形成，因此，在某种意义上说，他们的认知过程仍然在形成的过程中。小孩子几乎就是一个完完全全的感知生物，他们的整个身体就是感觉器官。他们的感官对周边环境的影响完全敞开，对自己毫无保护并无条件地全部接受。因为孩子还没有能力用意识捕捉和消化感官印象，所以这些影响才能毫无阻碍地渗透到他们的身体中。"孩子食用感官印象"这句话的意义不仅仅是隐喻。孩子们别无选择，只能通过感官系统来吸收周边环境的影响。所有的感知都会引起儿童的腺体分泌，例如，如果儿童看到色彩，他们的身体就会呈现某种代谢过程。可以毫不夸张地说，儿童从周边环境中获得感官印象，用以构建自己的物质身体。

与十二感官共生

　　在很小的时候……孩子完全是一个感觉器官,这不仅仅是一个象征意义上的说法。那个时候,外部世界的所有影响都通过孩子的整个身体起作用。在人类生命的后期阶段,这些影响都在身体感官系统的外围——它们只能通过心魂层面进一步深入身体。

　　直到换牙为止,孩子的整个身体都还是感觉器官。年龄较大的孩子和成人体验外在的感官印象,同时他们的内在则是用心魂感受这些。

　　成人十分理智,以至于光及其物理作用停留在他们的眼睛里,只有通过感觉穿透光的表象才能进一步向内渗透。而对于年幼的孩子来说,可以说身体内的每一个血细胞都会被光搅动起来。

　　孩子到9岁、10岁的时候,其感知和思考这两种功能也还没有像后来那样完全分离。在感受的过程中,活跃的以太力量仍然会给孩子带来鲜活的感知。这些力量还没有完全消失,他们的感官印象也仍然明显带有意志特征。这些事实导致孩子在 10 岁前与外部环境的关系异常活跃。同样地，孩子的思考也仍然是鲜活灵动的，充满了以太力量，他们随时准备用整个身体感官见证思考的原点。到目前为止，孩子还不具备智性枯燥的思考能力，这种思考试图用清晰的概念来掌握世界。富有想象力的思考，同时表现为内在感知，它充满了生命和意志的力量，就像感官系统本身一样。因此，在生命的早期阶段，感知和思考是非常接近的。

正如前面所说，判断活动在小孩子身上还没有产生，取而代之的是他们对周围环境的绝对虔诚。10 岁前的孩子，其智性尚未过早发展，他们带着身体内在的敏捷性，对周围环境的影响做出回应。他们怀着敬畏之心，充满意志地表达，但不用概念和抽象进行确定的判断。他们到了 10 岁时，发生了巨大的变化。大约在这个时候，孩子们的思考恰好经历了第一次智性觉醒。意志所承载的活泼的、充满想象的力量会衰退或经历转变。整个感官系统中的生命力和意志力也会以同样的方式消退。在这个阶段，感知和思考开启整合，也可以说生命和意志的过程逐渐减少，感知和思考这两种功能各行其道，就此独立。这个过程给孩子带来了重要的转变，他们体验到自己跟世界建立了一种新的关系，也就是要直面这个世界。他们被迫用"不同的眼睛"来看待这个世界。一切都显得跟以往如此不同，他们感觉有些陌生，也有些疑惑。他们不得不尝试用新习得的思考力和改变了的感官系统来理解他们的感知。他们开始接受这个世界。我们也可以说，又一个被逐出天堂的时代到来啦。教育者必须考虑到儿童感官系统和思考体系发生的这种变化，并在教学中铭记于心。

感官系统的衰退

人类现有的感官系统经历了漫长的发展历史。我们只能在这里简要陈述其中的一小部分，但为了理解感官的未来发展，这个简短的描述还是很必要的。大部分人都认同感官系统不会永远保持在目前的发展阶段。未来

感官系统的发展历程

它会朝某个未知的方向改变。我们面临这样的问题：变化将会朝哪个方向发展？人类今天正站在十字路口，许多明显的迹象表明，由于当下时代的条件，我们的感官系统正在走向衰退，除非出现一股新的复兴力量。

感官受到两个方面的威胁——纯粹的智性抽象思考和现代文明及其所有的科技成就。这两个因素之间的联系是显而易见的。而一方面是思考所依赖的大脑和神经系统，另一方面是感官感知的过程，对于后面这二者之间存在的联系我们却知之甚少。第一章的"感知与思考"展示了感知和思考如何从属于全部认知功能。小孩子完全是一个感觉器官，这个现象指出了它们进一步的联系。我们可以确立显著的发展路径：小孩子的纯粹感知大约在7岁时转变为充满想象的思考，然后进一步转变为概念思考。思考过程是从感知过程发展而来的。感知在这里再次被证明是主要功能，是思考的第一步。与此相关，我们必须意识到一个曾经提到的事实——大脑的前端，是智性的物质基础，它本质上是一个经过转化的嗅

与十二感官共生

觉器官。

这些都起源于跟嗅觉相关的神经的转化和扩展。它再次揭示了感官系统和思考体系之间、感知和思考这两种明显不同的功能之间的奇妙联系。很明显,感知过程会影响思考过程。但相反的情况是否也有可能发生呢?也就是说,大脑和神经系统的发展以及与之相关的思考,随着时间的推移是否也会影响感知过程呢?人智学对这个问题的回答是肯定的。它认为大脑和神经系统的逐渐发展使感知过程变得更加麻木。这样的过程使得我们的感知变得更加羸弱,乃至退化。神经系统及其指挥中心——大脑的这种发展使得感官特质的体验变得更微弱、更不真实。施泰纳实际上谈到了死亡过程是从神经系统逐步进入感官系统的过程。

事实上,视觉神经的任务不是把色彩印象带回大脑,而是在某个时刻将其消除……在传递到大脑的过程中,视觉神经、听觉神经和温暖觉神经将它们周围的一切都削弱为模糊的残余痕迹。

施泰纳接着说,未来感官将进一步被大脑麻木,就感知外部世界而言,人类正走向孤独和虚无。

对于眼睛来说,可能无法再感知或区分色彩的细微差别,例如黄昏的天空中微妙的色彩变化。感觉器官的发展还远未达到预期的目标。人类面临着选择:是允许这种退化继续下去,还是有意识地将感官系统提升到更高的水平?"如果器官没有被真正用于其目的,它们就会死亡。"

对感官系统的另一个威胁来自科技成就。除了自然界之外,人类的灵性还创造了两个世界——科技世界和艺术世界。当代人类生活在或者至少可以生活在三个世界中:

自然界

科技世界

艺术世界

与十二感官共生

现在可以想象一些不同寻常的问题,例如,这三个截然不同的世界给我们带来了什么样的感官印象?它们是平等的,还是存在本质上的差异?也许还有着性质上的差异?哪个世界带给我们特别生动活泼的感官印象?三个世界中,哪一个会伤害我们的感官呢?

诸如此类的问题都值得探究。让我们暂时忽略自然界。我们接受自然界给予感官的影响,是既定和有益的事实。让我们首先关注科技世界以及它的成就。科技创造了一个完全人为的环境,与自然环境相去甚远,这对感官系统产生了特别大的影响。我们对此不做任何价值判断,尽管如此,认识到这样的事实是有好处的:为了发展科技领域,我们动用木材或者石头,采石场或者森林,还有土地、水或空气,生产出建立机器世界所需要的原材料。在相当程度上,我们和自然界的关系首先遭到了破坏。这是理所当然的事实。我们不妨考虑一下,科技环境对人类,特别是对成长中的人类(儿童)有怎样的影响。一般来说,每一次密切观察都会证实这一点:

感官系统的发展历程

相比自然界提供给我们的东西，科技世界提供的是冷漠。

科技世界并没有给予我们蓬勃的生命和心灵的温暖。正因为如此，人类会出现相当明显的缺陷。我们可以观察到一种人类心魂的营养不良。此外，面对这些缺陷，极具侵略性的感官印象汹涌而至，也可以称其为过度刺激。在这里，我们关心的显然是与自然界相比，科技世界呈现的感官印象本质上的不同之处。科技对道德水平没有任何直接影响，但是，它以惊人的方式影响着人类的感官系统。科技具有侵略性，会带来混乱和伤害。未来，科技成果会越来越多地被应用于人类的日常生活，甚至会渗透到人类的日常生活的每一个细节中。

任何明智的人都不会想要阻止科技进步的车轮。但这里要提出一个教育者特别关心的问题：面对科技进步给感官系统带来的威胁，我们该如何应对？尝试回答这个问题之前，我们将用三个例子来展示文明的科技生活如何作用于三类感官。

与十二感官共生

从意志感官开始。通过运动觉，我们也能感知到外部的运动。如果有人认为运动就是运动，无论它来自何处、如何开始，对人类的影响始终都是一样的，这是不切实际的。若依据这样毫无根据的理念，我们就无法理解现实世界。水中的鱼、空中的鸟、草地上的鹿、天上的云，我们之所以能够感知它们的动作，正是由于大自然产生了生动的运动过程，并传递给我们的感官。抛开任何偏见，如果把自然中的运动与电机产生的机械运动相比较，人们会体验到印象相当深刻的差异。此外，科技还产生了相当特殊的运动。

让我们想想在屏幕或电视上制造出运动效果的复杂的技术过程，这些运动已经跟自然运动没有了丝毫的联系。我们总是被迫参与到这些运动中，即便看上去只是很微妙的"被迫"。机械运动用与自然运动截然不同的方式吸引我们的运动觉（以及我们全身的运动系统）。对于其他意志感官来说，也是一样的。

感官系统的发展历程

考虑一下技术对认知感官的影响，以自我觉为例。我们听广播或看电视的时候，没有除自己以外的"我"参与。假设听到一个声音，我们想要跟发出声音的人连接，可是这个人却不在场。对于孩子来说，收音机取代了具有自我意识的人类。这真的不是讽刺吗？生活在20世纪初的孩子们，他们用所有的感官，尤其是用他们原始的自我觉来体验一个人——一个客车司机、一个送奶工人、一个街头公告员、一个乞丐等。倘若孩子们过度接受大众传媒的影响，他们就会缺失这些感官体验的机缘。这种缺失是清晰可见的。其他三种认知感官也会受到同样的影响。

中阶感官的情况又如何呢？想想城镇弥漫的废气，想想由于过多添加剂而失去了原有味道的食品，想想耀眼的灯光广告，再想想电视，想必这类问题的答案并不难找到。之所以提到这些危险，只是为了提示在教育的过程中我们该如何应对它们。

与十二感官共生

激活感官系统并注入心魂

有没有办法保护感官系统远离这些危险呢?可否既阻止眼前的感官衰退,同时又能重振感官系统,使其向真正的目标发展呢?回顾不可抗拒的规律,感官若不被用于其目的就会"死亡"。现在要实现这些目标,要迈出的第一步是什么?

接下来我们要关注的是成年人——这一点必须强调。有关教学的特性将在最后一章中讨论。眼下我们可以说,作为这些问题的答案,感官体验的过程必须要更新,而且最重要的是——要为其赋予心魂的力量。

人类必将唤醒死气沉沉的感官体验过程,赋予它生机勃勃的活力。施泰纳评论道:"通过特定的方法,感官体验过程会再次回归生命的领域。"

因此,必须让我们的感官彻底嬗变,在其更精细

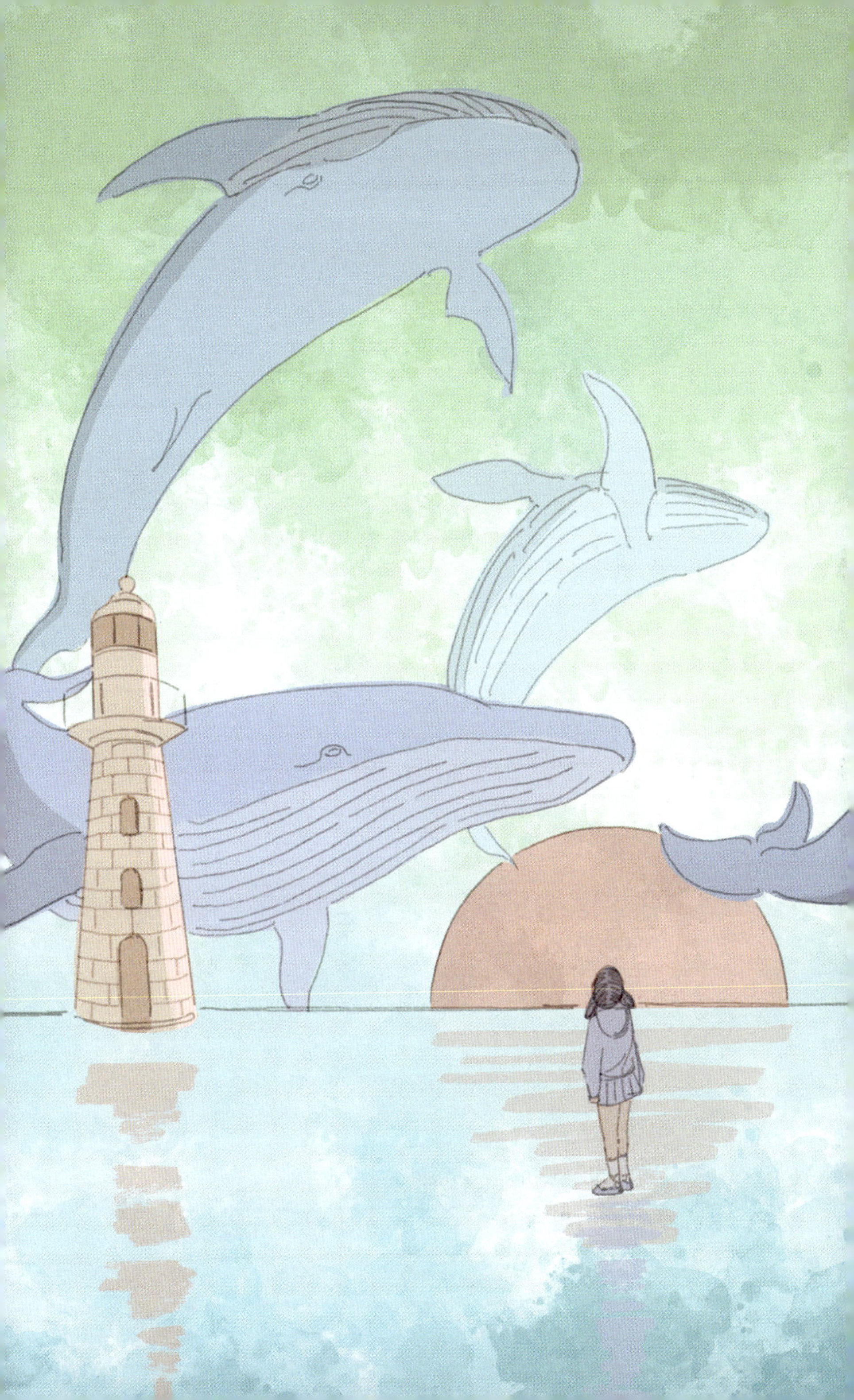

的结构中，它们必须变得与以往完全不同……例如，我们必须学会通过眼睛来感受意志是如何运作的。

为了更接近激活感官体验过程并赋予它心魂的力量这个目标，人智学为成年人提供了哪些可能性呢？如下所示，共有三种：

强化的灵性思考；

观察纯粹的现象（如歌德所建议的那般）；

艺术活动和享受艺术。

让我们考虑第一种可能性，灵性的思考，也是一种主动思考。正如人们经常指出的那样，感官体验过程和思考过程之间确实存在着一种隐藏的却非常密切的联系。如果说干涸、纯粹的智性思考把死亡过程带入感官系统，那么，通过积极的思考，活跃的力量也将会流入感官体验过程。因为在强化或纯粹的思考中，存在着意志的复兴元素。由于纯粹的智性或多或少是枯萎的意志，所以施泰纳所说的那种思考——一种被意志力重新激活且恢

与十二感官共生

复活力的思考，对感官系统是有益的。

我们知道，古希腊人仍然拥有非常旺盛的感官活力，这令他们跟自然界有着紧密的联结。其原因在于，充满活力和灵性化的身体特质，让他们有多余的力量作用于感官系统。现代人的身体已经不再拥有这样盈余的生命力，因而变得僵硬、干涸。如今，人们必须寻求另外一种方式来发展他们的感官系统，他们必须从心魂和灵性上重新激活它。为此，人类必须获得通过思考渗透到心魂和灵性领域的能力。因此，现代人类的道路必然与古希腊人的道路不同，例如，古希腊人的物质身体发散出充沛的生命力，影响着他们的眼睛、耳朵和其他感官。今天，我们必须唤醒心魂和灵性中的活力，使其能够进入我们的感官。

让我们来看看改变感官系统的第二种可能性，即训练我们自己像歌德一样去观察纯粹的现象。之前谈到纯粹思考，现在我们转向与之相反的另一端，即纯粹感知。

歌德确实是一位天才观察家，他有意识地训练自己的观察力的活力，从而使其更接近小孩子或古希腊人的观察力。歌德声称"每一个新物体，经过对其细致妥帖的观察，都会帮我们的内在打开一个新的感觉器官"。拥有"沉思喷泉"这样的力量，以强化的意志活动来掌握感觉器官，这样就能真正进入周边的环境。如果我们没有对现象投以足够的热爱，而是过早地运用推理的综合能力，我们就会过早地陷入判断和理论中，从而与现象世界愈发疏远。

歌德希望通过意志的感知来认知纯粹的现象、原始的现象，以便将自己跟它们结合起来。他认为，通过这种态度，现象就会揭示它们的本质，揭示它们的秘密。理性本身只能用于区分更复杂的现象和原始现象，并将一种现象与另一种现象联系起来。歌德实际上并不是追求抽象的自然法则，因为通过它们，只能捕捉到终结的、无生命的自然。他是为生命而奋斗，为自然的成长而奋斗。歌德向来认为"沉思喷泉"是一种积极的感知，一

与十二感官共生

种把意志作为青春活力的元素注入感官体验过程的感知。施泰纳告诉我们:

> 歌德希望人类追求的是纯粹的感知。他只想用理性来集聚这些现象,使它们能够自己说出它们的秘密。歌德想要一门没有假设、没有组合推理的自然科学。这也是他的色彩理论基础。关于讨论的要点,有些人根本不理解,因为歌德希望停止演绎推理对感知的理论推测,他想另辟蹊径。

进一步发展感官系统的第三种可能性是根植于每一项艺术活动。全心享受艺术和艺术观察对人类很有益处。一个令人印象深刻的事实摆在我们面前——富有创造力的人类为自然界增添了科技世界和艺术世界。科技为我们提供的优势巨大到难以估量。但同样伟大的科技,却似乎对我们的十二感官进行着持续攻击。如果仅仅屈从于这个科技世界,我们的感官系统就会生病并且衰变。如果说自然界对感官系统产生了有益的影响,那么艺术

感官系统的发展历程

世界则对感官系统具有令人惊讶的更大的积极影响。就感官系统来说，艺术世界的创造似乎是为了一次又一次地弥补被科技世界损害的部分。只有认识到艺术工作和全心享受艺术的治愈效果并据此生活，我们才能在科技世界中不被伤害地生活。

结束之前，在此引用施泰纳的另一段话：

> 一个人真正的审美态度在于：感官以某种方式变得活跃，生命过程变得有灵魂。这是关于人的非常重要的真相，它让我们能够理解许多事情。不能像通常情况那样对待艺术和艺术享受，我们必须在感官中寻求更强烈的不一样的生命力。生命过程也是如此，我们通过艺术享受可以变得比平常生活中的自己更加有灵性。在这个唯物主义的时代，这些事情都不具有现实意义，所以，一个人很难在艺术的境界中有所突破。

Chapter 4

第 四 章

培育感官系统

培养感知能力的各阶段课程

在课堂教学中,我们最主要关注的应该是孩子的感官系统,也就是十二感官。任何教育措施都会吸引儿童的某一种感官。施泰纳所说的"我们必须通过感官来接近孩子"就是指的这一点。这样看来,所有教学其实都是一堂调动孩子感官的课程,目的就是在孩子的心魂中打下基础,帮助他们与周边的环境建立内在的联系。这里讨论的是把内在感知作为外在感受的初始步骤。我们通过一些例子来讨论整个小学阶段课程的各个步骤。但在此之前,施泰纳介绍了20世纪初特有的"实物课程"(德语为 Anschauungsunterricht)。

与十二感官共生

在学校开设实物课程很重要，但是不能让它们变得乏味无趣。永远不要让孩子们觉得在实物课程中所学到的内容是显而易见的。问："这是一支粉笔。它是什么颜色的？"答："黄色的。"问："它的顶端是什么样子的？"答："它被折断了。"许多实物课程都是按照这样的思路设计的，实在是太糟糕了。日常生活中显而易见的事情不应该出现在实物课程中。这些教学应该提升到更高的层面。当孩子们学习实物课程时，他们应该被带到心魂生命的更高境界。

一年级培养感官的第一堂课会是什么样子呢？这样的教学应该考虑什么，需要结合什么样的教育意图？这堂课的目的是实实在在地吸引孩子们，令他们注意到周边的环境以及更大范围的环境，并唤醒孩子们对他们所出生的世界的认识。老师的任务是通过植物、动物、人类、山川河流，唤醒孩子们认识周边人们的生活和工作。这是孩子们的尘世家园，他们需要用恰当的方式熟悉这里。因此，施泰纳将这一主要课程称为"家园环境"。虽然这项研究在几年后才会成为学校科目，但这第一项对于家园环境的研究，意味着感知的培养。七八岁的孩子与年龄较大的孩子相比，有着完全不同的特质。教学中需要遵守这样的基本原则：内在感知必须先于外在感受。我们不妨设想这样一堂课程——把内在感知与外在感受结合起来，通过以下的方式向这个年龄段的孩子传达自然界中存在的事实。

拥有生命力和灵性的东西必定会激发生性灵动的孩子们，让他们产生积极的、内在的感知，然后与他们外在的感受相协调。从某种意义上说，以艺术化的方式对家园环境进行研究，由于它具有图像性、象征性的特质，会特别接近自然界的内在真理。例如，蜜蜂与花的关系是大自然固有的一部分，蝴蝶或大黄蜂与花的关系也是如此。

这三种相关但又截然不同的自然现象，可以通过图

与十二感官共生

画故事的形式呈现给孩子们,以后,当他们在自然界中感知到同样的过程时,相比其他情况下的体验,孩子们会对此有着更多的兴趣和更深入的理解。通过对家园环境、熟悉的事物进行研究,孩子们的观察会渐渐变得更细致、更详尽。

教育这个年龄段的孩子,老师必须逐渐养成生动的艺术感。老师要让植物说话,让动物有道德……最理想的是,老师通过个人创造,发起植物之间的对话,运用极富想象的洞察力,创造百合和玫瑰的童话故事,或者太阳与月亮的对话……你自己创造的东西具有持续成长的力量,鲜活的生命动力会影响着孩子。直到孩子10岁之前,他们学到的关于植物、动物、矿物、太阳、月亮、山脉和河流的一切,实际上都应该以这种形式涌向他们,因为这个阶段的孩子跟世界是合为一体的。世界和孩子,孩子和世界,在这个年龄段是合而为一的。

培育感官系统

正如前面提到的，孩子到了9岁、10岁，发育发生了决定性的变化。这时候，我们能够观察到孩子相应的智性思考开始萌芽。与此相关的另一个事实是，感官系统的生命力略有减弱。由于这些变化，孩子们对世界的看法变得与以往不同，其结果是在孩子的个体和周围世界之间打开了一个深渊。孩子不再像以前那样强烈地体验到与世界的连接，现在他们不仅要直面周围的世界，还会体验到世界如此不同，尤其自然界各个领域的反差则更加强烈。教育的任务是防止过早或以不恰当的方式推进孩子发育，否则，孩子的身体、心魂、灵性就无法进一步健康地发展。教学过程还必须合理地对待孩子的全新意识，必须用一种全新的方式向孩子描述周围的世界，而不再是用前面提到的富有想象力的方式，但仍然需要用充满感情的生动的方式。

可以说，必须让孩子从擅长的内在感知向外在感受迈出一步。以前他们对周围世界的理解拥有更丰富的想象力，这次改变之后，孩子便有了更加感性的体验。现

与十二感官共生

在这个新的"实物课程"需要着重哪些内容呢？在9岁、10岁的时候，孩子们应该会第一次更仔细地观察人类的活动、人们使用的工具和劳动成果。孩子们将看到农民的劳作、他们使用的犁和其他相关的工具。举个例子，他们学会区分各种谷物，他们还体验到如何准备砂浆、如何砌墙、如何盖房子。孩子们必须仔细观察，以便能够讲述他们所看到的事情。通过这种方式，他们就可以从道德-心魂层面的基础元素中被引导到实践性的现实生活中。为了感知这一切，孩子们的感官系统需要完整分化。和前两个学年相比较，在第三个学年，孩子们观察能力的变化实在让人诧异。

用太阳、月亮和星星的例子，可以很好地说明从内在感知到外在感受，再到抽象概念的过程。什么样的世界图景，才能符合10岁之前的孩子的认知特征呢？众所周知，这个年龄段的孩子仍然拥有内在的、感知图像的能力。在这种能力的帮助下，以绘图神话的形式呈现的宇宙过程，他们完全可以理解。他们"看到"这些图片就能理解它们。所有真正的神话都诉诸一种意识，在这种意识中，图像和思想是一体的。天文学最初的教学只能使用神话。教师所使用的神话不一定要年代久远，也可以是他自己创造的。他可以受到近代诗人的启发，把这些神话写成简短的诗句。例如，克里斯蒂安·摩根斯坦的《太阳之歌》：

> 我是太阳，我用全部的力量，
> 承载白天的地球，承载夜晚的地球。
> 我紧紧拥抱着她，赐予她我的礼物，
> 令地球上的一切得以存活、生长。

这样的天文学课程唤醒了孩子们的信心和信任，拥有想象力的孩子完全能理解。

在孩子们 10 岁之后，天文学可能会呈现出不同的特征。现在是时候在课程中诉诸孩子们的感官感知，也就是让他们自己观察。第二阶段的天文学课程，不妨包含

与十二感官共生

以下问题:从你家看去,今天太阳在哪里升起?昨天它落在哪座山的后面了?从黎明到黄昏,太阳的轨迹是怎样的?它一年四季都遵循同一条路径吗?夜晚的天空星星闪耀,如果你观察一段时间,你会注意到星星如何在夜空中移动?如果孩子们通过观察,体验到星星从东方倾斜升起,划出一条弧线,然后向西方移动,他们就会很有成就感。北方(或南半球的南方)的星星则会从上而下、从西向东移动,一些星座消失在地平线以下,稍后它们会重新出现,另一些星座则描绘出一个圆圈,它们的中心点位于离地面很高的地方。用这样的方式,即使只是通过老师的描述,孩子们的注意力也会被引导到现象上来。

从某种意义上说,孩子们在成长过程中经历了整个人类曾经历过的事情。人类最初的世界图景是神话性的。托勒密的世界图景(以地球为中心)继承了它,其特点是从内在感知(直观知识)到外在感官感知的转变。重要的是要知道,神话性的世界图景和托勒密的世界图景并不相互对立，而是和平共处，对希腊人来说是同等有效的。

一个世界图景并没有消灭另一个世界图景，也没有令它成为一个错误。托勒密的世界图景实质上是从灵性的观点出发，并为超感官元素留有空间。外在的感官感知和灵性的觉知仍然是和谐的。由于运用了感官，这种感知使人产生了健康的自信。如果允许孩子们基于纯粹的感官感知来理解世界图景，今天，同样的事情仍然会发生在孩子们身上。

一个班级中可能有这样三组孩子，他们对于天空中出现的上述现象有着不同的理解方式。对于其中一组孩子来说，这种观察方式是崭新的。这些稍微梦幻些的孩子，对图像元素仍然有着明显的向往，仍然停留在内心的感知上。他们希望继续听到神话、童话和天文学故事。尽管如此，他们愿意运用自己的感官来帮助学习。第二组孩子从一开始就已经比较清醒了，新的观察方式

与十二感官共生

满足了他们对感官世界的开放。那么还可能有第三组孩子——还好，这个群组的人数会比较少。这组孩子所有的感知都已经被哥白尼的日心说所困扰，而且往往扭曲至极。这些看法令孩子们很难用他们的感官来理解现象。这些孩子表现出不愿意观察太阳、月亮或者天上星星的运行。

在教学进程中，孩子们在12岁之前不应该了解哥白尼的世界图景。人们通常很少意识到，人类从托勒密观察方式转向哥白尼观察方式是多么巨大的飞跃。人类经历了一个抽象的过程，这也是迈向自由的一步，而自由是以失去神性为代价换来的。新世界图景的代表人物尼古拉斯·哥白尼，犹豫了36年，才把他一生的著作公之于众，随之而来的影响确实非常巨大。例如，马丁·路德在谈到哥白尼时写道："这个傻瓜希望颠覆整个天文学艺术。但正如《圣经》所示，约书亚命令太阳保持静止，而不是地球。"路德的合作者菲利普·梅兰希顿写道："明智的统治者应该遏制这种轻率的行为。"但是歌德对哥白尼的天体运行论是如何评价的呢？

也许哥白尼的学说对人类提出了前所未有的要求，有许多旧有的事物将化为乌有……第二个天堂、一个无邪的世界、诗意的歌赋、虔诚的信念、感官的体验、坚定的宗教信仰。难怪人们不愿意放弃这一切，难怪人们以各种可能的方式反对这个学说，它挑战了人们的底线，人们不能接受自由的观念和迄今为止未知的伟大见解。

教育者面临的问题是，可否要求八九岁的孩子理解这个前所未有的自由观念和伟大信念？

人们可能会问，哥白尼天体运行论是永恒的真理吗？我不这么认为。爱因斯坦曾依据他的相对论写道：科学的进步，并非没有在挑战哥白尼的思想，这一点对每个人来说都十分清晰。哥白尼的发现也许有一天会变得毫无意义，托勒密的追随者和哥白尼的追随者之间的

与十二感官共生

冲突也一样会变得没有意义。但是，如果我们研究爱因斯坦的世界图景，与哥白尼的世界图景相比，其最显著的区别在于：爱因斯坦更加数学化，并且他的世界图景完全不存在与感知相关的内容。据报道，某次爱因斯坦出席学术会议时说："未来的世界图景就躺在我的公文包里。"意思是他随身携带着通用且终极的"世界公式"，它的优点在于完全没有任何图片。

12岁的孩子已经足够成熟，可以上第一堂物理课了。在课堂上，他们会体验到一个全新的原理——实验。作为一种研究方法，实验始于16世纪，主要由弗朗西斯·培根发展起来。培根断言："我们必须把自然送上肢刑架，逼迫她作证！"事实上，通过方法论，我们创造了人为的环境，迫使自然揭示自己。跟实验相反的方式则是对自然的观察。

自然的观察者会接收到自然界愿意向他揭示的东西。他必须有耐心，必须能够等待。实验的本质却令做实验

培育感官系统

的人不耐烦地观察并等待结果，除此之外别无他法。相比那些实验者，自然的观察者会跟自然界建立更密切的联系。实验可以快速得到结果，这也就是为什么从现象跳跃到自然法则时会如此短暂和快速，有时甚至是不成熟的——这是歌德提出的反对意见。实验的一个基本特征是：它跟人类是分离的，诱导人类完全依赖仪器，而不再信任自己的感官系统。歌德再次提请注意这种情况：

> 人类健康的感官，可以说是最伟大、最精准的物理仪器。新物理学最大的不幸，是把实验跟人分离开，只希望通过人造仪器所呈现的内容来认识自然。

歌德，一位富有灵感的自然的观察者和研究者，很大程度上可以成为一个教师，他的研究提供了最好的教学方法。

毫无疑问，一旦孩子足够成熟，就必须引导他们进行自然科学实验。从某种意义上说，歌德对光学的研究

与十二感官共生

证明也可以称得上是实验。孩子们的第一堂光学课,如果老师没有展示歌德的方法——他的色彩理论所开创的典型的观察方法,那将是一个巨大的失误。受到启发,我们像歌德一样用三棱镜和小的黑白卡片作为仪器,让孩子们透过三棱镜来观察并描述他们的新体验。这是观察和描述的绝佳练习,对孩子们来说也是一次很棒的经历。

到这个时候,教师就可以用语言向孩子们讲述起初令人兴奋的、混乱的色彩阵列是如何开始成形、变得有序的,并介绍其规律。如果我们把三棱镜放在眼前,就能在黑暗和光亮交汇的地方看到色带。如果光亮位于黑暗之上,我们就会看到蓝紫色延伸到黑暗的区域。然而,如果黑暗位于光亮之上,我们就会在光亮区域看到红黄色。如果两个不同的色带相遇,且相互覆盖的范围很小,就会得到一条包含所有彩虹颜色的宽色带。

我们能观察到两种不同类型的宽色带。一方面,一

培育感官系统

条色带的黄色与另一条色带的蓝色混合形成了绿色;另一方面,新的洋红色或粉红色的出现,也是因为其中一条色带的紫色与另一条色带的红色混合而成。因此,色彩出现在光亮与黑暗交汇的地方。三棱镜奇特的造型,导致亮区和暗区稍微重叠在一起。因此,色彩是由光与暗的交互作用产生的。正如歌德所说,色彩是"光的功绩和苦难"。歌德认为,七种彩虹颜色的宽色带,即"色谱",是一种派生的次要现象,主要现象来自两条小色带。

运用这样的教学方式,让孩子们感知到了潜在的规律。孩子们会预先知道何时会出现一种或另一种色带,或者在什么情况下会出现一种或另一种完整的色谱。

对于中年级和高年级班级的物理和化学课的实验方法,施泰纳给出了明确的指导。从感官系统的角度来看,这种观察方法可以引导学生形成健康的感知,也十分具有启发性。要进行如此密集、艰苦的观察,整个人和他

与十二感官共生

全部的感官系统都需要参与其中。

施泰纳的方法带来了一个决定性问题：实验结束后，要不要立刻引导学生思考被假定的自然法则呢？如果这样做，就意味着年轻人的注意力要迅速从观察现象转向思考。若能正确理解感官教学，就会知道为什么施泰纳不推荐这种方法。他更建议在实验结束后把设备和仪器挪走，让学生自由地回忆之前所有观察到的过程，然后等到第二天再总结提炼出自然规律。这就避免了过于仓促的思考活动压制了对现象的观察。在观察和推论自然法则之间有这样一段"休眠"时间，可不是没有意义的。因为，只有到了第二天，学生的内心才能准备好思考感知，这时候，学生的内在会感受到这种需求——运用理性，有意识地消化前一天所感知到的内容。

教师的众多教育任务之一，是随着时间的推移让学生能够用口头或书面形式表达他们的观察结果。为了正确地观察周围环境中发生的所有事件，最重要的事情就是定期锻炼感官。除此之外，还需要掌握语言，令学生能够表达所观察到的内容。第三个条件，需要跟另外两个条件相结合。即便拥有恰当的观察能力和良好的语言表达能力，如果没有第三个条件，真正再现客观事件也是不容易的。第三个条件就是，令外界任何不可接受的因素都不会像我们个人的意见、判断、愿望、意图、同情和反感那样主观地潜入我们的内心。我们理所当然地认为能够客观地描述事实，其实那不过是个幻象。例如，法庭上目击者的陈述，能够让我们清楚地看到教育中缺失的东西——对恰当观察和良好表达的训练，最重要的是对于真理的热爱。因此，实验报告的任务是以正确的方式发展这三种能力。关于这个主题，我们引用施泰纳的话来表述：

> 应该看到，社会如此发达，我们会更加依赖目击者。为了让人们能够更加如实地表达，必须从童年开始培养这个习惯。因此，复述所看到和经历的事情比自由写作更重要。孩子们由此会养成在生活中、将来

与十二感官共生

在法庭上说真话的习惯……可以说，自由写作不需要在小学阶段训练，但是，复述阅读材料、复述所听到的内容，这种能力确实应该在小学阶段培养。孩子们必须拥有这些能力，才能够以正确的行为方式参与社会活动。

培养鲜活的思考

我们曾经谈到过思考的品质和感知的品质之间的联系，也指出被意志强化的鲜活的思考如何对感官系统起到再生作用。这是施泰纳为成人提供的启示，我们能否将其应用到教育领域呢？我们能否跟年幼的学生们谈论鲜活的思考呢？

对比鲜活的思考和成人的智性思考，我们会发现小学生实际上在运用着非常生动的童心思考。不能用不健康的方式过早开发这种思考能力，由此他们就能保留孩子般的幻想、想象性的思考等。鲜活的思考也是一种灵性化的思考，它是感觉器官用图像化的方式呈现的灵性真理。在教学中，我们必须了解，如梦幻般生活的孩子是通过真实的神话、《圣经》故事、童话故事、传奇故事和寓言故事，用他们特有的思考方式感知其中的灵性真理。所有原始神话都不是艺术幻想的产物，作为真实的具有想象力的表达，它们来源于更深的层次。因此，小学生必须在这样的思想世界中浸润一段时间，才能进一步发展他们的思考力。

培养意志感官

对于孩子来说，意志感官的发展有三个方面需要强调。

与十二感官共生

第一，孩子的意志力和意志感官是相互依存、互不可缺的。

第二，必须要认识到，孩子在校学习期间，其认知感官的适当发展与良好发展的意志感官密切相关。认知感官来源于意志感官的转化，这是无须争辩的事实。故而，认知感官的健康发展是以儿童时期初阶感官的健康发展为先决条件的。

促进意志感官的教育和培养的重要性还有第三个方面。前面已经提到，四种意志感官的感知通常是在潜意识层面的。例如，我们没法确定身体器官（肝脏、脾脏、心脏等）中的生命觉真正感知到了什么，或者运动的时候肌肉到底发生了什么。在关于生命觉的讨论中曾经提到过，所有意志感官的感知都保留在潜意识中，但某些被感知到的东西会以隐秘的方式影响我们的情感生活。比如，当我感到精神焕发、体力充沛或舒适愉悦时，或者当我感到不舒服、胃部或心脏似乎有些不对劲时——

培育感官系统

这种情况意味着初阶感官的感知已经上升到感受层面。因此，感官体验会影响我们的感受生活，我们却没有办法把这些生命过程中的感受提升到清醒的意识层级。生命觉能够让我们感受到舒适或不舒服，因而，从教育的角度来看，通过健康、自然的养育过程，给孩子带来幸福的感觉是合乎情理的。

三种不同的意志感官的感知会唤起什么样的感受？人智学为教育提供了重要的信息，这些信息可以通过自我观察、观察儿童和现实思考来证实。从自我运动觉的角度，施泰纳是这样描述的：

> 当我们蹦跳或者舞蹈时，我们会感知到自己是否移动以及如何移动。扩展到心魂层面，人类能够体验到作为一个灵魂那种无拘无束的自由的感觉……也就是说，你体验到自己是一个自由的灵魂，正是因为运动觉的辐射，你体验到肌肉的强烈收缩，同时，那股力量直达你的心魂。

与十二感官共生

作为教育工作者，我们必须意识到，如果人类（在我们的例子中指孩子）没有遵循人类的自然天性，没有通过运动来表达自己，那么他永远体验不到这种自由感。如果像机器人一样呆板地运动，或者机械般地复制动作，那么灵魂就会产生与自由感相反的感觉——导致强迫性的思考和行动。

平衡觉无时无刻不在参与身体的活动，它唤醒了人类的另外一种感觉：

> 我们是如何体验到平衡觉辐射到心魂的感觉的呢？当我内心平静地从这头走到那头，身体里的那个人（灵魂）没有离开过我，他一如既往地跟我在一起。我今天不会抛弃自己，明天也还是不会。身体的独立性是平衡觉射入心魂的结果，它让人感觉到自己是一个灵性个体。

如果我们能够保持身体平衡，内心就会产生安全感和确定性，在以后的生活中，我们也不会轻易失去内心平衡和平静的能力。相反的是，若身体不能独立自主，再加上生活中对于各种事物的依赖，就会引发内在的不确定感。

触觉所体验的感觉会带来意想不到的结果。自然的东西，不是人类所造之物，而是由神圣力量创造出来的。用手触碰绵羊的毛、猫的毛皮、树皮以及玫瑰花瓣，或者用手在丝绸或天鹅绒上滑动……每当我触摸这些源于神圣力量创造的物品时，也许我不一定能意识到，但是，我的心魂就是会充满一种特殊的体验感受。

用这样的方式辐射到内在中心的力量和向外体验的感受，无不浸润着上天的旨意。人类若没有触觉感官，则无法感受到上天的旨意……（触觉感受到粗糙、光滑、柔软、坚硬的质感，辐射到身体周边）反映在心魂里面，便是宇宙本质的渗透过程。通过触觉你会体验到"神圣本质浸润万物"。

与十二感官共生

如果童年时从来没有或几乎没有体验过这种触摸，这里所说的上天的旨意，就只能以极有限的方式浸润到孩子的心灵。假如孩子的生活里接触到的都是人造纤维，则很有可能会出现上述情况。尽管人造纤维对于现代生活来说不可或缺，可是对于儿童来说完全是可有可无的。这里所说的感觉，包括最珍贵的自在的感受，甚至是宗教般的敬畏感。在教学中，我们理应培养出这种感觉，教会孩子们以健康的方式（人性化的方式）使用自己的身体。

当今这个时代，更需要关注学龄前的孩子，需要着重发展他们的意志感官。家长和老师越来越深刻地认识到，现代文明对于儿童的成长并不友好。

有许许多多 7 岁之前的孩子在某种程度上都受到了现代文明的伤害，他们不适应环境的现象越来越普遍。孩子们成长的环境已经对他们造成了伤害，学校必须纠正这种伤害。从教育的角度来看，我们生活在一个堕落的社会，几十年来为孩子们创造了不适合他们成长的环境。

这个时代的特征是由科技决定的，从整个外部环境到每一个细节，都变得越来越技术化。技术的原型是机器。跑步机是根据严格的机械定律产生的强制运动，而当我们的感官系统遇上跑步机，就没有办法产生充满自由感的运动。今天生活在世间的孩子们，对机械运动十分着迷，可是通过这些运动，他们的意志感官以及意志本质都会受到攻击。从这个角度来看，三项重要的教育任务摆在面前。

三项教育任务

我想把第一项任务称为"珍惜和保护"。首先要让小孩子受益。所谓"珍惜"是指保护和防止幼儿受到技术力量的攻击。无论从身体还是从心魂的角度，或是从意识的发展阶段来看，小孩子无论如何都无法承受这样的

与十二感官共生

攻击。这种珍惜和保护措施虽然不能完全避免来自技术的攻击，但很大程度上是可以减少冲击的。要避免让幼儿接触诸如电视、电影和广播之类的电子产品，因为我们很清楚它们会对儿童造成多大的伤害。

第二项教育任务具有疗愈特质。教育愈发需要融入疗愈的元素。通过教育的方法，损伤可以得到纠正和弥补。健康的教育能够治愈那些被环境影响的儿童。

然而，第三项任务完全是面向未来的。它始于这个洞见——相比现在，儿童必须具备截然不同的优势和能力。未来，作为成年人，他们才能够应对日益复杂的文明，才能够应对将面临的挑战。

节律的重要性

既然列出了三项伟大的教育任务，那么我们回到一个重要的问题：应对当今由科技主导的生活，哪种活动最适合？诸如早年的圆圈游戏，通常看似无意义但有节奏的小诗和押韵的儿歌，是对初阶感官的极好训练！或者，跳绳也是很好的游戏。两个孩子摇摆起绳子，第三个孩子必须跳起来。我们不妨观察孩子们，他们的整个身体如何跟随绳子的节奏，在跳进去之前，他们如何从地面跳飞起来，体验到短暂的失重，然后再落回地面。他们的身体时刻需要保持平衡，接下来再次跳离地面。

孩子们在这样的跳跃中，其所有的四种感官都会进入欢庆的状态。他们的情感生命也会以最美的方式绽放。在这项活动中，孩子们可以体验到全然的舒适、快乐、自由和内心的安全感。

事实上，玩这些儿童游戏都相当于儿童的意志感官在上真正的"高中"，无论过去还是现在，它们的价值都是无与伦比的。当然，这些游戏是那些了解游戏潜在秘密的人送给孩子们的礼物。7岁的孩子带着发展良好的意志感官来到学校。即便当时教学的内容是智性的，也许不是特别好，但是也无关紧要。然而，今天的情况已

与十二感官共生

大不相同。学校还得接手培养孩子的意志感官，这是一项很紧迫的任务。如何才能最好地调动孩子的意志感官，并通过教学来培养它们？若要回答这个问题，我们就要涉及教育实践的领域。当然，这里只能给出其中的一小部分答案。

当孩子以健康的方式使用他们的身体时，他们就是在诉诸意志感官并培养它们。一般来说，强调生命力和人性化的运动很重要，而不是当今流行的生机全无、没有童趣的机械式运动。无论是幼儿的玩耍活动、小学生的艺术活动，还是年轻人的手工劳作，通过意志感官和意志的本性，每一个感官都应当充分地参与其中。特别重要的是有节奏地运动。一切有节奏的事物都蕴藏着特殊的能量。因此，处于学龄期的孩子应倾向于一切有节奏的事物，这些都会为培养他们的初阶感官而服务。节律运动的特征是既可以平静，又可以活跃。对于趋于麻木、趋于自动化的事物，节奏会为它们赋予灵魂并重新构建它们。

然而，所谓的节奏常常被设想得过于狭隘。对比通常的情况，我们有充分的理由在更广泛的意义上探讨节律。人类本就离不开节律，比如，一天的节律、一周的节律、一年的节律、生命的节律等。节律对于所有教育都特别重要，意志感官能够感知所有这些不同的节律。

过去的时代，节律元素在民间文化的教育中表现得最为强烈，一年中重复的节日便是其影响之一。通过这种方式，人们的意志本质受到了教育。宗教活动正是通过有节奏的重复，诉诸了人的意志本质。想想每天的祈祷、早晨念诵经文、每天或每周阅读同一经文等。古老文字中不断重复的内容（例如佛陀的生平和教义，或者童话故事中重复出现的桥段），对于理性来说似乎毫无意义，但是通过这样不断重复的方式，它们又会重新获得原初的意义。通过有节律的重复，人们能够体验到相当特殊的效果。

与十二感官共生

然而,知识时代所关注的只是一次性的事件,是快速传递的图像和想法,每张新图片都会立即消灭上一张图片。我们不断地找寻娱乐或放松的方式,实际上,这只不过是意识分散,与真正的泰然自若截然相反。因此,在课程建构的过程中,遵循总体的节律元素至关重要。正是因为今天的外部生活如此没有节奏,所以在学校里,以一种明显有节奏的方式安排每个早晨、每天、每周和每年(包括庆祝活动和节日)是很重要的。因此,教育的目的不仅在于教给孩子们什么内容,还在于观察整个学年的生命节律。

不同科目的效果

现在来看看各个科目对意志感官的影响。提及与身体相关的内容,首先我们来谈谈技能训练。所有的练习,无论是自由练习还是器械练习,都需要调动意志感官来参与。在空间中,孩子们不断变换身体的姿势来找到平衡。例如,他们像走钢丝一样,跑过平衡木或倒下的树干。（您如果能亲身体验一下就更好了。）观察一下孩子们是如何移动的。他们往往先把一条腿放在另一条腿的前面，然后再跑过去。你能看到他们小心翼翼地用脚踩着狭窄的木头，伸开双臂保持平衡，或许随时都有失去平衡的危险。最后，他们一跃到达安全的地面，散发出孩子们那种自力更生的喜悦和内心圆满的幸福感。他们深深地吸气呼气，而且感到特别高兴。

然而，极限形式的体育运动，往往迫使人类的物质身体进行片面的固定的活动，不能发挥儿童游戏和健康体操那样的教育效果。从事极限运动时，人类的初阶感官的体验带有强迫的特征，往往已经脱离了人类的领域。它并没有在意志本质方面起到教育作用，也不利于健康的感受。跑步和绘画（如形线画）是对初阶感官有效的活动。低年级的孩子通过自己的踩踏和奔跑来感知和体验所有几何图形的基本形式，从直线和曲线这两个基本元素开始，衍生出所有可能的几何形式和图案。对孩子来说，向前和向后跑直线是一种健康的体验，而在黑板

与十二感官共生

上画一条垂直线也需要应用他们的意志感官。

在画一条线的时候,我们可以说,孩子们把它从自己的身体里提取出来了。这是写入他们身体里的,否则他们就没办法直立行走。类似的情形在水平方向上也适用。孩子们如果真的跑出了圆形、螺旋形、双纽线和三角形等几何形状,四种意志感官就都得到了锻炼。进一步来看,绘制形线的时候,虽说只有胳膊和手在运动,但是运动会以最微妙的方式传递给整个身体。用这样的方式绘画时,概念元素会被特意保留下来。通过这样的活动,孩子们能够不受阻碍地体验到自己是一个有意志的人。因此,我们把这称为"动态"的绘画。相比之下,绘制概念性的物体,如房屋、树木、动物等,用这样的方式来表达,活动的本质就很容易被定义。如果因为消除了感官可感知的元素,就认为我们在讨论抽象绘画,那就大错特错了。这些纯粹的、基本的形式不是抽象的,孩子的意志本质和物质身体也不是抽象的。

培育感官系统

在这里，我们顺便说一下什么叫抽象艺术。"抽象"这个术语实际上并不影响这门艺术的本质。确切地说，它是指我们遇到一个明显的动态元素，跟动态绘图中呈现的原始的、最简单的元素相同。抽象绘画之父康定斯基说：

垂直线与水平线结合出戏剧性的声效。

锐角三角形跟圆形的协约，不亚于米开朗琪罗的《创造亚当》中，上帝与亚当指尖的触碰。

垂直线、水平线、角线、曲线以及对角线"都是隐形力量的表达–冲动"。

孩子们可以奔跑并画出这样的形线，观察自己创造出来的形线，也有一定的效果，而且也同等重要。几何形线都是从运动中产生，然后又静止下来。观察的过程中，可以从自身又回到运动状态。事实上，只有圆圈呈现出来，才能感知到它。即使通过"形线觉"观察几何形状，动态元素也是重要的基础。形线觉并不是新的感

与十二感官共生

官,而是四种初阶感官的组合,尤其是运动觉和平衡觉。孩子们对称地完成镜像缺失一半的形线画,主要是为了吸引平衡觉的参与。施泰纳建议,一年级的孩子在学习字母的传统含义之前,应该先跑动并画出这些字母的形状。这些字母首先应作为动态符号出现,作为与意志感官对话的纯粹的形状元素。一旦孩子知道这个符号意味着"A"或"B",意志元素就会让位给概念元素,这与孩子的意志本质就没有关系了。

通过雕塑和做木工活儿,四种感官用这样令人愉悦的方式活跃起来。尝试过这两种艺术活动的人很快就会发现,沉思或思考对于创造最好、最美丽的雕塑作品并没有什么特别的帮助。与绘画相比,视觉的意义也没那么重要了。甚至刻意放弃视觉进行盲练,也是一种很好的锻炼方式。这时候,触觉会变得更加活跃,双手必须不断地沿着平面和曲线移动,从而感知所有的平面、轮廓和角度。平衡觉也会变得活跃起来。有时即便造型不是特别对称,雕塑的形式也必须经过权衡,并且以艺的方式创造平衡。一件雕塑艺术作品必须拥有内在的平衡，只有这样，它才能带给我们安全感和满足感。所有的造型都是依据有机法则创造的，类似于歌德所说的植物原型效用。因此，被赋予了心魂的生命觉会参与到每一个艺术性的雕塑活动中。

在这方面，我们也要意识到艺术建筑对于人类和教育的意义。例如，一个古希腊人，他每天、每时、每刻都能看到完美的艺术作品，比如古希腊神庙，这些都培养了他的意志感官。与此同时，宗教情感也植入了他的灵魂。施泰纳还从另一个方面提到了艺术建筑的治疗作用。

通过观察自然，心魂就会感知到某种结构，并且会意识到并不是所有的观察需求都能得到满足。实际上，这些观察都对整体感知有利。如果你只是关注大自然，感知的某些部分就不会满足，心魂在感知方面就会退化。人类正在经历"心魂退化"，早期的神秘

与十二感官共生

智慧能够预知到这些，它也知道如何才能平衡这种退化。人们都知道，若感官只能眺望大自然，寺庙建筑则是对抗感官退化的良药。希腊人被带到神庙前面，他看到了柱子以及上方的楣梁等，看到了支撑和重力的元素。当他意识到眼前的建筑具有内在的力学和动力学时，他的视觉的感知就变得完整了。当他远离自然，面对这种吸引他注意力的建筑时，这种观看就完成了。

希腊人的意志系统，是经由时间积累被神庙建筑所培养起来的。每一种艺术的雕塑都具有跟建筑相似的意义。这些见解对于高年级的课程尤其重要。

有些学科可以用一种有节奏的方式同时培养高阶感官和初阶感官。首当其冲的是音乐。显然，我们首先想到通过唱歌和演奏乐器来培养声音觉（听觉）。然而，声音觉只能感知声音，却感知不到声音序列，包括音乐背后的节奏。如果声音觉不是跟其他感官一起，而是单独地听到随意而孤立的乐声，结果将是一种极其片面的、难以想象的声音体验。为了感知音符的顺序、节奏，甚至音程，我们无意识地使用了两种意志感官——运动觉和平衡觉。因此，通过行进乐曲和游行音乐，可以激发意志本质来完成某些动作。另外，这样的音乐也能够提升意志本质或使其平静下来。俄耳甫斯用他的音乐驯服了野兽，我们也可以用音乐来克制强烈的动物本性。我们经常会谈论乐感，不过，乐感并不是一个独立的感官，而是声音觉与两种意志感官——运动觉和平衡觉的结合。这跟形线觉类似，形线觉也不是一个单独的感官，而是意志感官与视觉的结合。

在诗歌朗诵中，高阶感官和初阶感官有另一种结合方式。假设我们正在听一首诗歌朗诵，除了诗意的语言和图像的特质之外，节奏和韵律也是这首诗的基本特征。由此不难看到，运动觉和平衡觉通过诗歌，尤其是在诗歌朗诵中发挥着作用。背诵的教育价值就在于它能够陶

与十二感官共生

冶这两种意志感官并使其活跃。

通过语言觉，我们感知到每首诗想要表达的意涵。但是，如果只用语言觉去理解这首诗，我们就无法真正理解它。除了语言觉之外，平衡觉和运动觉也必须以赋予心魂的方式参与到诗歌当中。

诗歌的内容并不是最有教育价值的，因此，内容不能凌驾于诗歌的意境之上。"完美的朗诵是强调音乐元素的朗诵……诗歌不在于内容完整，而在于节奏和韵律。"

优律司美，是施泰纳创造的通过运动表达声音的艺术。它以最有效的方式调动人类的初阶和高阶感官，使它们充满了活力和灵性。它作为媒介，是服务于人类教育的一流学科。

如果从加强意志力的角度考虑各个学科，几何脱颖而出。几何和数学一样，源于正确运作的初阶感官，尤其是运动觉和平衡觉。它们构成了知识的主要基础，其他一切都建立在这个基础之上。事实上，我们能够拥有垂直、水平、对角线、直线、曲线、圆形和正方形等想法和概念，都要归功于初阶感官的客观感知。

几何教学从一年级开始，贯穿所有年级。在低年级中，用奔跑、绘制形状和图形来教授几何，是很实用的、可视化的方法。这应该成为一项教育要求，年轻的学龄儿童，要像优律司美教授的那样，先行走出这些基本的几何形状，然后再把它们画出来。在几何课上，年龄稍大的孩子，应该将那些用圆规和尺子描绘出来的线条先用自由的方式移动并绘制出来。从教育的角度来看，对于几何形式的深思和描述与绘画和构建本身同样重要。因此，几何课程对于培养感知力有很大的贡献。关于具有良好的沉思效果的几何课，施泰纳说道：

孩子无论如何都要学会以描述性的方式看待角、三角形、正方形等，只有到了12岁时，孩子才应该开始进行几何证明。然后，老师将运用这些元素抵消生活中始终存在的混乱倾向。

培养感受感官

中阶感官令我们有机会感知自然界，而大自然只向我们揭示感官能够感知到的内容。通过这些感官，我们体验到光明、黑暗、颜色、气味、味道、温暖和寒冷。总而言之，自然环境是用一种自然的方式在吸引我们的感官。在一定限度内可以说，只有大自然给予的，我们才能享受。但问题是，通过大自然本身，自然地培养中阶感官的东西是否存在呢？是的，一种自然的对于感官的关怀确实存在。

开启孩子们的眼界，让他们体会色彩的世界十分重要——让他们看见花朵摇曳的色彩之美，欣赏蝴蝶绝伦的五彩斑斓，惊叹雨后彩虹的奇观，观赏夜空中极其微妙的色彩变幻。若用恰当的方式观察，在这个过程中可以看到大自然这个奇妙的色彩世界发挥着极其活跃的效果。老师不妨用生动的方式激发孩子们去观察大自然梦幻般的色彩世界。老师的观察会传达给孩子们，因此老师本人必须练习对自然的观察，同时体验歌德关于色彩的感官道德效应。

接下来我们聊聊这组的其他感官。健康而未被破坏的味觉对于孩子来说意义重大。父母的任务是要尽一切努力保护孩子的味觉，令其在一定程度上保持精细和精微。我们的味觉可以确定食物是否真正有营养，是否外表看着美丽，但却毫无价值；蔬菜是长在健康的土地上还是污染的土地上；化学成分是否损害了食品的价值；这种或那种食物是否适合我们等。味觉和生命觉一起运作，会告诉我们吃饱了，通常我们就会停止继续进食。在某种特定的情形之下，我们可以成为美食家。"嗜食

与十二感官共生

者"和"美食家"还是有区别的。前者是一个贪吃者,最关心的是吃多少,如果一道菜符合他的口味,他便会没有节制地吃,实际上这已经糟蹋了他的味觉。美食家则不然,他们的味觉体验了优雅精细的过程。

关于这一点,我要谈谈香料和调味料。在烹饪中,它们发挥着重要的作用,能够通过味觉影响人类的物质身体。为了让饭菜芳香四溢,增加调味使其更有利于健康,对于身体来说是有好处的。倘若我们不情愿地、漠不关心地吃一顿滋味全无的饭菜,味觉体验全然无感,身体器官对食物的消化也会大打折扣。香料和调味料激活了味觉体验背后的形塑力。

当一个人的某一个感官出现故障时,他就会失去整个世界。眼睛,这个视觉感官,能够最深刻地体验到这一点。嗅觉是一个比较隐蔽的器官,但它若无法正常工作,一个人也会遭受很大损失。体验和区分玫瑰、康乃馨、丁香、薰衣草、迷迭香和百里香的不同气味,或者

培育感官系统

各种木材之间不太容易辨别的气味，对整个身体来说是多么令人耳目一新的感觉。动物的气味有什么不一样吗？例如，比较一下狗和猫，或者牛栏和马厩中的气味。可以用一种良好、自然的方式唤醒孩子们的嗅觉，让孩子们意识到植物和动物气味的细微差别。没有必要走得太远，例如，香道——日本的熏香鉴赏艺术，在一种特殊的仪式上，香气宜人的木材被点燃，旁观者或者更确切地说是"闻香者"，享受着各种美妙的香气。这种情形跟美食家所经历的有些类似。

对于温暖觉来说，重要的是，在健康的方式下自然而然地发挥作用。它表达了什么是有益健康的温暖，就像味觉对食物的作用一样。然而，经过各种"强化尝试"，温暖觉也会退化。如果一个男孩在寒冷的室外穿着短裤光腿奔跑，可他并没有感觉到寒冷的话，很显然这个孩子缺乏对温度的敏感性，这意味着他的温暖觉紊乱到了比较严重的地步。

与十二感官共生

谈到以自然的方式发展中阶感官,附带条件的精炼是有所限制的,因为人类并不像动物那样是纯粹的本性存在。人类的灵性本质受到了限制。作为人类,我们既没有鹰眼的锐利,也没有狗鼻子的灵敏。

在课堂上,教育者应如何处理中阶感官的问题呢?老师的工作不是引领学生朝着本性的方向发展,而应该引领他们朝着特定的人性领域前行。是否存在这样一个体验的世界,一种艺术活动,它能够抓住人类的天然本性,再进一步引导它?我们知道,艺术的使命是激活感官系统。例如,绘画以一种非常特殊的方式调动人类的中阶感官,至少就眼睛而言是这样的。瑞士诗人西蒙·克费勒在他的日记中明确地评论了艺术作品对乐于接受的观众有何影响。

昨天,在伯尔尼参观完艺术展后,我有一个奇怪的观察:我累得像条被打了一顿的狗,回家时,却看到了上百个色彩缤纷的图案。尽管天气昏暗阴雨,但我所见之处却都是图案。这就是效果——你获得了新的眼睛。你学会了看见……你觉得你再也不会孤单了，而是与乔木和灌木、树林和草地、天空和云彩融为一体。你会怀着极大的崇敬和感激之情记住这些艺术。

这段描述展示了眼睛如何通过观看绘画而焕然一新，令我们以一种前所未有的生动的方式与自然融为一体。前一章中我们谈到了"对自然的饱腻感"，虔诚地观看绘画可以治愈这一点。通过观察，每个人都能够感受到克费勒的体验。花点时间凝视一幅艺术画作，心魂全然倾注在这个体验中，我们立刻就会看到自然、风景，不仅画面更新鲜更丰富多彩，我们也离它更近了。然而，看完电影后走到户外，大自然看起来会比平时更加浅淡、混浊、灰暗。我们已经和自然疏远了。观看一幅画时，我们的眼睛能够体验到丰富的生命力。电影的内容可能很有趣，但它却偷走了我们眼中律动的力量。在某种程

与十二感官共生

度上，电影令观看过程变得枯燥，甚至攻击了自我运动觉，因为非自然的技术会造成所拍摄物体的运动错觉。出现在电视屏幕上的图像更是这样的。

到目前为止，我们只谈到了眼睛。因为在整个感官系统中，它是占主导地位的器官，但其他三种感官并不是不发挥作用。我们来看看温暖觉。谈论色彩的时候我们经常用到冷色和暖色。这仅仅是一个比喻吗？只是在玩文字游戏吗？这种表达的背后存在一个现实，它指的是颜色暗含的效果。蓝色会带来凉爽，朱红色则散发着热量。待在漆成冷色调的蓝色房间里，我们很容易感到寒冷，而在温度相同的暖红色房间里，我们不会发抖。凉爽和温暖都无法用温度计测量，却可以用温暖觉来感知。虽然，这种感知仍属于感官性质，但是它发生在心魂的边界。在那里，已经嬗变的、充满灵性的温暖觉正在活跃起来。

通过色彩的艺术媒介，嗅觉和味觉是否有可能感知

培育感官系统

到相同的刺激呢？乍一看，答案似乎是否定的，但古往今来都有画家说他们尝过颜色，这自然不是指外在意义上的品尝。巴尔拉赫在1884年的一封信中写道："散步时我在作画，我品尝、看到同时感受到色彩，世界对我来说只不过是一堆色彩的斑点。"通过灵性研究，关于色彩对感官组织的影响，施泰纳回答了两个问题。第一个问题是，色彩跟中阶感官之间存在着怎样的联系，特别是味觉和嗅觉？另一个问题是，自然界固有的色彩与我们在绘画中接触到的色彩相比，对于感官体验过程的影响是否存在差异？

艺术家用手头的东西进行的新体验，一定程度上会导致感官变得更为活跃……这就是为什么艺术的感知从来不像一般的世俗感知那样，以特定的感官领域为目标。个体的感官之间也存在着一定的关系，尤其是……在绘画中。在绘画中，这些感官领域发生了显而易见的共生以及出色的共同运作。这些共同运作不仅发生在原始器官中，还发生在更广泛的器官中。画

与十二感官共生

家或观赏者欣赏画作时不仅看到画面的色彩——红色、蓝色或紫色,实际上他还在品尝色彩,只不过不是用原始器官品尝。此刻,在他舌头的周遭,正在发生着类似于品尝食物的事情。如果看到一只绿鹦鹉,你只会用眼睛看到绿色。但是如果你欣赏一幅画,一个属于味觉的、精细的、富有想象力的过程就会发生在舌头后面,参与着整个观看的过程。它跟品尝和摄入食物时的精细过程很相似。这些不是发生在舌头上的事情,而是随后发生的精致的生理过程,同时与观看的过程混合在一起,使得画家在更深的层次上真正地品尝到色彩。他能闻到色彩的细微差别,不是用鼻子,而是利用身体中的嗅觉行为来闻到色彩的细微差别,这是一种更深刻、更灵性的方式。通过这样的方式,感官领域之间发生了结合,更多地进入生命过程的领域。

以上引用的关于色彩的存在和效果表明,学校里的

绘画课其巨大的教育价值就显而易见了。对成人来说正确的事情对儿童也有相当大的好处，因为孩子的感官系统更容易接受所有的感官印象。色彩媒介令中阶感官变得高贵，绘画给了老师一个重要的工具。

培养认知感官

在四种认知感官的帮助下，孩子们可以学会思考和理解世界。与传统的学习相关的大多得力于高阶感官。正是在这些感官感知的基础上，儿童和成人形成了他们的世界观。孩子学习能力的高低取决于这组感官是否觉醒并参与其中。

然而，只有在意志感官完好发展的基础上，它们才能得到恰当的发展。意志感官必须在孩子7岁之前以及他们随后的学校生活中深入而细致地培养。因此，学习

与十二感官共生

的基础很大一部分是在人生最开始的 0~7 岁时打下的，而这些都是父母的责任。

孩子们只能通过另一个人（实际上只能通过成人）来发展他们的高阶感官。儿童的高阶感官是依据周遭环境中的成年人而发展的，成年人的行为方式会呈现在孩子们的性格、言语、表达和思考以及整体个性中，而这些构建了真正的人的元素。成年人的言行举止代表了孩子们锻炼认知感官的体验世界。这里提到的成年人，在家里通常是指父母，在学校则是指老师。孩子们每天被迫听老师讲课至少 4 个小时，甚至更长时间，这对他们的自由是多大的侵犯！但如果为了孩子们的利益，这是合理的，甚至是必要的。"听"这个词几乎包括了高阶感官的一切——听觉、语言觉、思想觉和自我觉。综上所述，显然，想要更好地培养儿童的认知感官，需要教育者不断地关注"自我教育"。他要在自己身上教育出真正人性的四种象征——听觉、语言觉、思想觉和自我觉，这样他才值得孩子们对这些进行感官感知和模仿。

听觉

老师的声音听起来应该完全是人类的声音。即使发生很微妙的令人察觉不到的偏离，它也会朝着人类领域之外、动物般的方向发展。我们都知道讲话的声音中很容易混杂着轻柔的威胁、低声的抱怨、喃喃的嘟囔、大声的吼叫、喋喋不休的唠叨，看到这种现象并改变这样的说话习惯是很重要的。每一声低沉的咆哮、每一个高亢的假声都是怪诞夸张的人声。在认知感官之一的听觉的帮助下，孩子们以人性化的方式塑造自己的声音。有了这个感官，老师一开口说话，孩子们就能了解他说话的好习惯或坏习惯。老师的声音比他的鼻子形状、面部表情、身高、头发或眼睛的颜色等更能呈现他的性格。孩子们可能会被老师吸引，也可能会排斥老师说话的语气。施泰纳从一个不常见的角度描述了这一点：

> 人总是与周遭的环境，特别是与人相关的环境有着密切的接触……两个人相对而坐，一个说，一个

与十二感官共生

听。通常我们会认为听者是不积极主动的一方,然而事实并非如此……听者的外在感知虽然不明显,但他的内心世界却非常清楚:一个人全然地听对方所讲的一切内容,甚至连其声带的动作也会被复制,听者的内在会无声地重复别人说的话。他会一边听对方说话,一边用微弱的声带和发音器官的动作来参与其中。说话的人声音沙哑,或声音好听,这二者有很大的不同,你必定会模仿其说话时相应的动作。从这个角度来看,可以说人类参与一切事物。由于这种情况不断发生,它极大地影响了人类的整体发展。

具备音乐本质的一切事物,都会为声音感官的发展做出贡献,这是显而易见的,不需要任何进一步的解释。请记住,当我们体验的不仅仅是单一的声音,而是一件音乐艺术作品时,我们的意志感官尤其是运动觉和平衡觉,也会参与其中。否则,我们永远无法感知和体验到真正的音乐本质。

鉴于前面所描述的这种关联，我们可能会面临一个非常重要的问题：当人声和音乐以机械或电子的方式再现时，声音的形成会有怎样的变化？或许没有普遍有效的答案，但我想以著名音乐家艾德温·费雪的呼吁来结束本节，他的话很有分量：

> 您必须学会聆听并教会他人聆听，从而分辨扬声器失真的电声与真实、直接的音乐声音（例如人声或大提琴的声音）之间存在的差异。

语言觉

老师个性的好坏会影响孩子。除此之外，对孩子影响最大的就是老师的言语。老师应当和语言建立起特别密切的联系。然而，由于这些言词被用作达到某种目的的手段，其本身受到两个方面的威胁：一方面，它必须为说话者所用，表达说话者的愿望和要求；另一方面，需要把说话者脑海中的画面和想法传递给另一个人。这

与十二感官共生

样一来，言词就失去了它自己的价值，我们也失去了体会存在于声音、字词本身和语言整体中的真实感，这些本可以通过语言觉感知的东西没有了。由于语言的粗浅的使用方式，它脱离了灵性起源的领域，它的神圣性被遗忘了，也没有被识别出来，导致在物质世界中，我们只把语言当作一种交流的手段。因此，教师面临的挑战是找到回归言词、回归语言本质以及回归其神圣起源的方法，他应该据此来组织他的言语表达。

与此密切相关的另一项任务是，言语觉（语言觉）的训练。人智学让我们了解到过去人类体验语言本质的方式方法。在历经黄道带的十二星座时，人类认识了十二个辅音，而历经行星在星座中运行时，人类又体验到了元音[1]。对他们来说，整个字母表是"微观和宏观隐秘而和谐的表达"。施泰纳的这些指示激励今天的我们更

---

[1] 鲁道夫·施泰纳常常以不同的方式描述大宇宙（世界）和小宇宙（人类）彼此之间如何相互关联、如何相互映射。宇宙的黄道带以及行进的行星是所有生命的萌发地，黄道十二宫及行星的特质会显化在矿物、植物、动物以及人类身上。例如，在橡树、铁元素、星期二、人类生命的42~49岁以及元音"E"上，都能够强烈地感受到火星的特质。——译者注

加谦虚地接近声音的本质和语言的特征。

为了接近语言特别的本质存在,我们必须不时地把语言从其通常的联结中解放出来,必须有意识地让它不再只为思想交流和欲望服务。这样,我们才能够更加深刻地意识到语言的本质存在。我们逐渐意识到一个事实:语言是所有艺术的艺术,是真正的原型艺术。因此,只能用艺术觉来把握它的本质。

许多症状向教育者和医生表明,语言觉出现了退化的迹象。因此,必须要创建一个新的治疗领域的分支,即人智学言语治疗。言语治疗师关注的是某些新出现的病理现象,这些现象意味着某些只要功能正常就不会被注意到的感官的退化,比如说语言觉。还有"辨语聋"一词,适用于尽管听觉感官的功能可能正常,但无法感知字词、声音或语言的情况。我们在这里引用1965年法兰克福世界言语治疗大会的一份报告:

> 对于听觉完全健康的人来说,"辨语聋"的情况

与十二感官共生

也并不罕见。患者听不懂话语,母语对他来说就像是外语……这种情况也可能是先天的,孩子无法区分单词或声音,他们听到的单词和声音都与噪音没有区别……这些孩子也无法感知到语言的节奏和重音……最终,如果患了"辨语聋"的孩子年龄已经很大且学会了说话,他们就会发展出自己的语言,这种语言往往只有他们的家人才能听懂。

关于同一问题,另一份报告显示:许多人年老后会出现听力障碍。伴随着这种生理性的听力缺失,他们的语言理解能力也会随之减弱,其原因尚不清楚,但我们经常会发现,一个听力还不错的人很难理解别人所说的话。

这种观察非常清楚地表明,人类拥有一种感官,通过它可以感知人类同胞的语言,然而,听觉感官并不等同于听觉器官。由于语言觉跟整个身体的运动系统相关,因此也与我们的运动觉相关,言语治疗师的注意力应该转向这种联系。

一旦幼儿的语言觉苏醒,他们就开始通过模仿周围的人来学习语言。跟幼儿一起的成年人的语言应该适合训练孩子们的语言觉,这是一项教育挑战,首先涉及父母,之后也涉及老师。孩子们没法自己学习说话。众所周知,野孩子,指的是学说话之前由于某种原因生活在野外的孩子,后来被发现时可以笑、可以哭,但不会说话。

教师的语言直接训练了学生的语言觉。因此,如果教师学会注意自己语言的特征,这对孩子们是有益的。在这方面,诗歌提供了巨大的帮助,它的使命是赋予词语生命和灵性。如前所述,诗歌真正的意义不在于其概念和内容,而在于它被朗诵时的声音和韵律效果为孩子们的素质和老师的教学方法所带来的效益。头韵法和各种诗歌形式都有助于保留诗歌的价值。

因此,诗歌成为教师培养孩子们语言觉的手段。让

与十二感官共生

我们记住前面章节中所说的内容：在课程中运用诗歌朗诵和讨论培养意志感官。在此不得不说，优律司美是引导语言觉达到更高目标的最有效的艺术媒介。

思想觉

我们先把注意力转向老师而不是孩子。老师的想法会被孩子们感知到，他的思想和概念体系又是怎样的呢？他的思维可能清晰，也可能模糊，甚至混乱。他的思想可能是完全正确的、有一半正确或者是完全错误的；他的观念可能是生动的，也可能是毫无价值和毫无活力的；他的观念所包含的内容可能丰富，也可能贫乏；他的思想觉可能非常活跃，也可能非常空洞。这一切都会对被完全交托给他的孩子们起作用，这也正是高阶感官对教育者的自我教育持续提出的挑战。

然而，9岁或10岁之前的学生还无法用抽象概念的形式感知思想，他们的构思能力还没有达到这个阶段。

培育感官系统

这种感觉器官的初级阶段可以称为"图像觉"。我们必须认识到,感觉器官特别是思想觉和自我觉,需要经历人类个体发展的转变。实际上,9岁或10岁之前的孩子,他们只能感知和理解以图片形式传递的想法和概念。在真正的神话、童话、寓言、传说或宗教文献中,我们都能看到用图画表达思想和智慧的经典方法。有了被图像浸润的思想,孩子们就能够在一定的发展阶段内训练他们未来的概念觉,到这个时候他们的图像觉仍然是活跃的。这为他们成年时充分发展思想觉奠定了最佳基础。

感官发展的事实对中小学老师提出了一定的要求:他必须熟悉传统的童话和神话世界。这是一项相当令人愉快的任务!思想和观念以及各种事实必须转化为图像概念才能呈现给孩子们,这时候就会出现困难。然而,每当老师成功时,孩子们就会欣然接受。思想觉以生动的方式发展起来,它喜欢从不同的角度感知同一个真理。它喜欢人物塑造,其对应的定义是小学生根本无法处理的。老师让他们练习的不应是定义,而应是人物塑造。

与十二感官共生

童话和神话都是最好的老师。下面的例子可以说明。

如何跟一个七八岁的孩子介绍什么是人类的智力呢？小孩子的智力尚未发展，他们如何理解成人的这种特殊能力意味着什么？孩子们很早就以图像的方式感知到这种力量是件好事，他们将会拥有丰富的关于人类的体验。这可以通过两种方法来实现：图像表达和人物塑造。格林童话中常常用图像的方法呈现智力的特征：勇敢的小裁缝是个智力狂人，不是特别讨人喜欢；大拇指汤姆更受人喜爱，但他也是一个比较理智的角色；而聪明的艾尔莎是一个完全理性的人，因此不敢踏出任何一步，最终她甚至不知道自己是否活在现实中。

还有狐狸雷纳德的悲惨故事，它凭借自己的聪明才智欺骗了所有人，但最终却不得不完全孤立地生活在人类和动物社会之外。在另一个童话故事中，尽管狐狸很狡猾，但还是被狗撕碎了，它的聪明导致了它的失败！无论什么人，但凡能够正确看待童话故事中的图像和象

培育感官系统

征力量，就会发现：童话故事中，人类的智慧代表着最有价值的人类能力，它能够为处在困难甚至危险的生活情境中的人类提供巨大的帮助。马在童话故事中经常扮演拯救的角色，在它的形象背后，隐藏着人类的智慧。甚至故事中从未使用过"智慧"或"智力"这个词，仅仅通过图像的塑造，就可以让孩子们通过图像感知能力来感知人类理性的不同侧面和品质。

幼儿的图像器官在发展成概念觉器官的过程中，遵循着转化的规律。教育必须在这个过程中为学生提供帮助。学生首先会根据老师的想法发展自己的思想觉。即使这位老师能够完全掌握自己的思考过程，也不一定能用恰当的方式培养年轻人的思想觉。因此，高年级的老师们应受助于过去的精神领袖——前几个世纪的思想家，如柏拉图、苏格拉底、托马斯·阿奎那、赫尔德、歌德、席勒、尼采等人，去感知这些精神领袖的思想，以增强思想觉。年轻人的思考应该用这种方式去感知和理解他人的思想。越多地感知和理解天才思想家的强烈思想，

与十二感官共生

年轻人的概念觉就越好，未来也会更好地形成自主思想。

对他人思想的感知能力令我们有一天能够成为一个独立思考者。判断、观点以及真正的独立思考，其发展的阶段比许多人想象的要晚。在这里，我们谈论的是高年级的学生，要激发他们能够理解别人的想法，而不要妄加判断。施泰纳说：

> 年轻人首先应该抱持着学习的态度……18岁前的思考，只是理解已经感知到的东西，因为尚未成熟的判断力还无法抓住它……有必要通过积极思考再得出判断，但这些只有在18~19岁之间的人生某个时刻才能真正体验。

自我觉

自我觉是一种能力，成年人可以用它来感知另一个人的自我。这个"我"，或者说个体性，是原始人类的真正本质，在人生前就存在，死后也将继续存在。他不是物质身体祖先（父母及祖辈）的产物，而是指向人类的灵性现实，也可以说是他自己的祖先。但是人处在学生时代时的自我觉又是怎样的呢？确实，那个"我"从小就很活跃，否则一个人不可能直立，学会走路、说话和思考。实际上，这个"我"在20岁左右才真正"诞生"，也就是说，这时候，那个"我"才全然地从内在开始工作，从而创造出完整的自我意识。然后，人类就成年了，并开始对自己的行为或者不作为负责任。

孩子不具备完整的自我意识，但是肯定有某些东西在发挥着作用，这样孩子就能体验到成年人的"我"。我们很难准确地表达孩子们的感知方式和感知内容，也很难给它命名，我们可以称其为权威觉，这种感觉在孩子7岁左右会呈现出来。这不是一个成年人体验另一个成年人的"我"的方式，也不应该是这样的方式。成年人的行为是出于他的自我觉，孩子真正需要体验的是成年人正直的权威感。

与十二感官共生

在某种程度上,这种权威觉是自我觉的代表,尽管这样说并不十分准确。权威觉和自我觉的关系就像种子与成熟植物的关系一样。如前所述,随着人类的成长和成熟,感官从初级的发展阶段转化为更高的阶段。为了关照孩子们,老师应该成为一个自然而可爱的榜样,以他自己真实的权威感来工作,从而为孩子们提供一个基础,在此基础之上,孩子们才能够在恰当的时候发展自己的个体性和自由感。

然而,仅作为一个有思想的教师是不足以充分培养学生的思想觉的,同样,即便老师的个体性极其强烈,仅仅基于他的个体性培养出儿童的自我觉也是不可能的。正如培养思想觉一样,在培养自我觉方面,老师也应当接受来自四面八方的帮助。每当孩子们接收到以正确的方式呈现的人类形象,并且这些形象的某些真实存在变得清晰时,孩子的更高阶感官,即最初的自我觉就会被唤起。孩子这种萌芽时期的自我意识不断地寻找人类的本质,而对人类的感知则不断地滋养着他们。

培育感官系统

老师负责把人类的最高形象带给孩子们，比如寓言、传说、很多神话以及历史上重要人物的传记等。老师最重要的教学任务之一就是在课堂上以全新的方式展示人类，老师描述的每个人物都能在孩子们的内心完善人类图景。在教学中，可以给孩子们讲述英雄或著名历史人物的故事，描述他们的所想、所言、所行、所受之苦，从而唤醒孩子们的自我觉和其他认知感官。了解并同情重要人物的命运，对于孩子们刚刚萌芽的自我意识具有特别强大的唤醒力量。老师所呈现的一切，尤其是他的所作所为，无时无刻不在展示他的个体性。孩子能够同时感知到老师所讲述的英雄和老师本人的个体性，这完全无法分开。

所有关于人类最高层级的知识都吸引着高阶感官特别是自我觉的萌芽。显然，在历史、地理、语言、人类学等学科中，人处于中心地位。其他所有学科也都提供了对人类进行研究的可能性，至少在某些时候是这样。通过明显的年代久远的连接，孩子们看到的人类新形象

与十二感官共生

越是令人惊讶,效果就越好。所有这些对人类的不同的感知可以结合起来,作为一个活生生的综合体,走向人类的理想。教育最重要的目的是,让青少年离开学校时,拥有全面、通识的人的概念。

这里提出的教育实践,能够让年轻人的感官系统得到良好的发展,尤其适用于认知感官,让他们能够以正确的方式感知他人的声音、言语、思想和自我。我们不要忘记,在社会生活中,未来的人类社会都必须直接建立在认知感官的培养之上,只有当所有感官、整个人类的感官系统,通过教育和自我教育得到了真正的关怀,这些感官才能以正确的方式发展。

十二感官共读者的鉴读

随着由工业时代迈进信息化时代，尤其随着电子媒体和人工智能的不断发展，感受力正面临着人类有史以来最严峻的挑战。同时，能真正连接内外、连接人事物、连接现实与宇宙灵性的感受力也变得越来越重要，甚至毫不夸张地说，感受力和思考的有机联系与平衡和谐，发展为基于敏锐感受的活化思考或感通能力，也正日益成为现代人类的核心竞争力之一。

感受力的发展，跟我们的感觉器官、感官系统的发展直接关联。感官系统的发展，影响乃至决定着一个人的感受力的发展，更进一步地说，感官系统的发展，影响着一个人的身体、心魂、精神的发展与健康状况，影

与十二感官共生

响着一个人的认知（思考）、感受（情感）与意志力。

我们面临的现实是，因为电子媒体的普及、人工智能的发展，因为人类城市化的进程带来的人与自然的关系日渐疏离，如此重要的感官系统，正面临着人类有史以来最严峻的挑战与冲击。于是，感官问题日益普遍和严重化，所谓的"感官失调""听觉失认症""语言失认症"等直接或间接与感官相关的各种身心和精神方面的病症越来越多发。

作者在鲁道夫·施泰纳开创的人智学对十二感官的确立、研究和应用的基础上，高屋建瓴又深入地结合实际及应用，从感官系统的基本概念、感知与思考、感官的起源与发展历程、感官培养的课程与原则方法以及如何激活感官并注入心魂和培养生机思考等不同的方面和维度，全面、深入而系统地把与感官相关的问题和答案呈现给我们。

本书成为帮助我们学习、探索、研究和运用感官来支持从儿童到成人、从健康正常的普遍个体到需要支持乃至疗愈的特殊个体的支持性宝典，成为我们致知而实用、实用而致真知的学习感官的重要支持和载体，而阅读和学习这本书本身也可以是活化和发展自己的感官系统的过程。

祈愿因为这本书和背后无数人的付出及支持，为现代人类的发展，为家庭养育、学校教育以及每个生命个体的发展注入感官活化的力量，在水瓶座时代和意识心时代的集体意识的发展变革中，激活感官系统并注入心魂，支持越来越多的生命个体和人类整体培养具有生机和活力的"光"之思考。

智泉自然之子体验营发起人　里仁书院主理人　丁鹏

与十二感官共生

如果只以显而易见的物质体验为基础，那么感官不会超越视、听、嗅、味、触这五种。最初学习鲁道夫·施泰纳的十二感官理论时，我以为那只是五种感官的进一步细分而已。而事实上，人之复杂与人之丰富，不仅在于人可以初步地感知周围的环境，还在于我们可以对自己的身体有所觉察。鲁道夫·施泰纳提出的十二感官，分别对应了人对自己、对世界、对他人的感知能力，又或称为意志的、感受的、认知的三组感官。这个理论远远超越了感知可见世界的五种感官，让成长中一直觉得"灵魂无处安放"的我感到十分圆满。进而，十二感官，特别是前四种感官——生命觉、触觉、运动觉、平衡觉的理论对于我和7岁前的孩子们的工作给予了很大的支持。当了解了人智学关于孩子不同年龄阶段发展特点的表述，再结合十二感官发展的特质，一切都变得更加清晰。但我仍旧存在困惑。因为关于十二感官的表述，对我而言仍然是更倾向于理论的。如何将其与当下的工作生活更紧密地联系在一起？换句话说，我如何发现和发展自身的十二感官，又如何更充分地将其运用在支持儿童的发展上呢？

本书作者威利·艾普利首先是一位大师级的优秀教师，有着丰富而富有洞见的实践教学工作及研讨经验，这让本书兼具了理论深度与实践广泛性。这正是我所需要的，也是我十分欣赏之处。

它并不是一本教师专用书，相反，它支持所有人发现自身面向世界的十二重关系。它也并不是一本"神秘之书"，相反，它是实际的，也是科学的。诚然，因其立于十二感官理论的架构上，阅读本书前，如果能够首先了解一下鲁道夫·施泰纳的十二感官理论，会对理解本书有所助益；但如果没有条件实现，那么抱有好奇与开放的阅读心态，阅读书中大量的生活实例也不失为一个个引人思索的契机。

如书中所述，这是一个节奏快、激动人心，同时也充满挑战的时代。我们关注着更新鲜的事物，同时可能

与十二感官共生

也在不断地忽略着什么。在儿童成长的过程中，其意志、感受、思考三组感官的发展情况，如同发展环境一样在飞速地变化着，这是作为教育工作者、作为母亲时时看在眼里的。我们应当如何支持我们的孩子的感官发展？再将眼光收回到自己身上，我们作为"成熟的成年人"，自身的感官发展真的已经完成了吗？我们又如何支持到自己？这一切首先都应建立在了解的基础上。

人智医学以太按摩师　春疃

培育感官系统

关于儿童教育的底层观念是什么？

我对儿童教育的期望是，有一种教育模式可以滋养孩子的身心灵，可以支持孩子德智体美劳均衡发展。

记得有一次在共读本书的过程中，我们谈到这样一个现象："在很多教育模式里，老师会告诉孩子们一个定论，然后给孩子们一个问题，让孩子们通过在问题上套用定论去论证这个定论。这就好像给了孩子一块糖，告诉他你只要想办法撕开糖纸，它就是一块糖了。但是，我们希望更多的是提供给孩子一个问题（或者视角），让他们自己去发现和探索，然后通过自己的经验得出结果。"这个案例让我印象特别深刻，这就是对孩子的感官发展进行扼制和保护的区别。

伴你同行主理人　陈芳

与十二感官共生

2020年4月,我在本书译者开办的感官课程中接触到了十二感官的理论和实践意义,了解如何唤醒、感受和体验十二感官,学习开发孩子的天赋潜能、学习成为一个健康和自主负责的人……整个课程很震撼。施泰纳把十二感官形容为像"温泉"一样,可以让我们的心魂及内在生命获得满足。十二感官的课程体验把我带入了更有觉知的世界,像极光连接黑夜与白昼、像激光连接宇宙与地球,真我浸润在纯粹里,生命得以滋养。我当时就在想,如果教育能从孩子的孩提阶段就注重他们的十二感官的培养,可以帮助孩子更全面地感知和理解世界,从而提升他们的综合素质和认知能力,促进其全面发展,增强其学习动力,使其开发创新思维,让他们的生命可以更早地得到滋养。

随后几年,我尝试将十二感官的教育内容融入对"教练型教育者"(教师/家长)的培训中,鼓励教练型教育者在日常陪伴孩子的时候或教学里,让孩子通过参与丰富多样的互动内容或教学活动的过程而得到全面的感官体验。

本书让我不仅对十二感官有了更多切实的理解，更惊喜的是通过作者威利·艾普利这位大师级的优秀教师丰富而广泛的实践教学经验，让我们看到十二感官教育的理论深度与广泛的实操性可以更好地促进孩子的全面发展和素质教育目标的实现。

《教练型教师》作者　忻春

作者简介

威利·艾普利　Willi Aeppli

(1894-1972)

瑞士人，出生于加纳。是瑞士巴塞尔鲁道夫·施泰纳学校的华德福主班老师。他曾在苏黎世学习教学，后来又学习日耳曼语言学和文学史。第一次世界大战后，他听到鲁道夫·施泰纳的讲座，开始致力于人智学的深入研究。1927年，他参与了瑞士第一所华德福-鲁道夫·施泰纳学校的组建，并在那里担任教师到1955年。他激动人心的著作《我在华德福学校的实践经历》是这一时期的见证。他曾帮助在德国建立新的华德福学校，但这些学校于1938年被纳粹当局关闭。他还非常积极地帮助巴西创建鲁道夫·施泰纳学校。特罗克斯勒作为人智学先驱的形象被重新发现，这也归功于他。

他是一位优秀的教师，他的观察和日常经验丰富了课堂教学的内涵。在他漫长的教育生涯中，他为教师和潜在的教育工作者开设了许多非正式的关于教育艺术的课程。

图书在版编目（CIP）数据

与十二感官共生 /（瑞士）威利·艾普利（Willi Aeppli）著；唐晓彤译. -- 北京：华夏出版社有限公司，2024.10（2025.5 重印）
ISBN 978-7-5222-0626-4

Ⅰ.①与… Ⅱ.①威…②唐… Ⅲ.①儿童教育—研究 Ⅳ.① G61

中国国家版本馆 CIP 数据核字（2024）第 019002 号

与十二感官共生

著　　者	［瑞士］威利·艾普利		
译　　者	唐晓彤		
策划编辑	朱　悦　陈志姣	版权统筹	曾方圆
责任编辑	陈志姣	责任印制	刘　洋
营销编辑	张雨杉	装帧设计	赵萌萌

出版发行	华夏出版社有限公司
经　　销	新华书店
印　　刷	三河市万龙印装有限公司
装　　订	三河市万龙印装有限公司
版　　次	2024 年 10 月北京第 1 版　2025 年 5 月北京第 2 次印刷
开　　本	880×1230　1/32 开
印　　张	7.75
字　　数	100 千字
定　　价	68.00 元

华夏出版社有限公司 地址：北京市东直门外香河园北里 4 号　邮编：100028
网址：www.hxph.com.cn　电话：（010）64663331（转）
若发现本版图书有印装质量问题，请与我社营销中心联系调换。